中等职业学校教育创新规划教材
新型职业农民中职教育规划教材

乡村经济管理实务

张振乾　关林柏　祝见龙　主编

中国农业大学出版社
·北京·

内容简介

本教材共有四个模块、十个项目。其中内容包括：乡村经济体制与基本经营制度、乡村收入分配制度与经济效益核算、乡村生产要素的合理组织与开发利用、乡村工业生产管理、乡村休闲旅游与服务业管理、农民专业合作社建设与管理、乡村股份合作经济组织建设与管理、乡镇企业建设与管理、乡村市场建设与管理、农业社会化服务体系建设与管理，共计二十个任务。每个任务由任务准备、学习任务设计与实施、知识拓展、任务思考等环节构成。

图书在版编目(CIP)数据

乡村经济管理实务 / 张振乾，关林柏，祝见龙主编. —北京：中国农业大学出版社，2015. 9

ISBN 978-7-5655-1366-4

Ⅰ. ①乡… Ⅱ. ①张…②关…③祝… Ⅲ. ①农村经济-经济管理-中国 Ⅳ. ①F32

中国版本图书馆 CIP 数据核字(2015)第 193114 号

书　　名 乡村经济管理实务
作　　者 张振乾　关林柏　祝见龙　主编

策划编辑	张　蕊　张　玉	**责任编辑**	张　蕊
封面设计	郑　川	**责任校对**	王晓凤
出版发行	中国农业大学出版社		
社　　址	北京市海淀区圆明园西路 2 号	**邮政编码**	100193
电　　话	发行部 010-62818525,8625		读者服务部 010-62732336
	编辑部 010-62732617,2618		出　版　部 010-62733440
网　　址	http://www.cau.edu.cn/caup	**E-mail**	cbsszs @ cau.edu.cn
经　　销	新华书店		
印　　刷	北京市平谷县早立印刷厂		
版　　次	2015 年 9 月第 1 版　　2015 年 9 月第 1 次印刷		
规　　格	787×1 092　　16 开本　　13.5 印张　　250 千字		
定　　价	36.00 元		

中等职业学校教育及新型职业农民中职教育教材编审委员会名单

编审人员

主　编　张振乾　河北省科技工程学校高级讲师

关林柏　河北省邢台农业学校高级讲师

祝见龙　河北省邢台农业学校高级讲师

副主编　李　帆　河北省科技工程学校高级讲师

王志霞　河北省邢台农业学校高级讲师

参　编　李　妍　河北省科技工程学校高级讲师

胡卓敏　河北省邢台农业学校高级讲师

主　审　马俊哲　赵晨霞　曹　军　王青立　陈肖安

编写说明

积极开展与创新中等职业学校教育和新型职业农民中职教育，提高现代农业与社会主义新农村建设一线中等应用型职业人才及新型职业农民的综合素质、专业能力，是发展现代农业和建设社会主义新农村的重要举措。为贯彻落实中央的战略部署及全国职业教育工作会议精神，特根据《教育部关于“十二五”职业教育教材建设的若干意见》《中等职业学校新型职业农民培养方案（试行）》和《中等职业学校专业教学标准（试行）》等文件精神，紧紧围绕培养生产、服务、管理第一线需要的中等应用型职业人才及新型职业农民，并遵循中等职业学校教育与新型职业农民中职教育的基本特点和规律，编写了《乡村经济管理实务》中职教材。

《乡村经济管理实务》是中等职业教育创新及新型职业农民中职教育教材农业经济管理类核心课系列教材之一。该教材重点介绍乡村经济与乡村经济管理概述、乡村经济体制与基本经营制度、乡村收入分配制度与经济效益核算、乡村生产要素的合理组织与开发利用、乡村工业生产管理、乡村休闲旅游与服务业管理、农民专业合作社建设与管理、乡村股份合作经济组织建设与管理、乡镇企业建设与管理、乡村市场建设与管理、农业社会化服务体系建设与管理等内容，涵盖了乡村经济管埋的各个环节。本教材以全面提升中职农业经济管理类专业学生和新型职业农民的职业道德、素养与技能为目标，以培养学生业务运作能力为主线，在内容上坚持必须和够用原则，注重理论联系实际，突出职业能力和职业素养的培养和提高，兼顾知识性、实用性和操作性，教材通俗易懂，具有很强的针对性和实用性，是中等职业学校教育创新及新型职业农民中职教育的专用教材，也可作为乡村经济管理人员培训的教材和参考用书。

本教材由全国部分高职、中职院校从事多年农业经济专业教学，并在社会实践和教学上有丰富经验的教师编写完成。其中张振乾编写乡村经济与乡村经济管理基础、项目一、项目二中的工作任务，李帆编写项目三中的工作任务，张振乾、李妍共同编写项目四、项目五中的工作任务，祝见龙编写项目六、项目七中的工作任务，胡卓敏编写项目八中的工作任务，关林柏编写项目九中的工作任务，王志霞编写项目十中的工作任务，全书最后由张振乾、关林柏、祝见龙共同统稿。北京农业职业学院马俊哲、赵晨霞教授、辽宁农业职业技术学院曹军教授、农业部科技教育司王青立和原农业部科技教育培训中心陈肖安等同志对教材内容进行了审定，在此一并表示感谢。

由于编者水平有限，加之时间仓促，教材中不妥和错误之处在所难免。衷心希望广大读者提出宝贵意见，以期进一步修订和完善。

编　者

2015 年 6 月

目　录

模块三　乡村经济组织建设与管理

模块四　乡村市场与社会化服务体系建设与管理

乡村经济与乡村经济管理基础

我国是一个农业大国，乡村经济状况直接关系到我国国民经济发展和社会稳定，乡村经济管理直接影响乡村经济发展。

现阶段，我国急需培养一大批掌握现代乡村经济管理基本理论和管理技能的中、高级专门人才，他们在乡村经济微观经济管理和服务中将起到很大作用。为此，学习掌握乡村经济管理实务内容非常必要，而认识乡村经济与乡村经济管理基础内容是学习本教材的基础。

一、乡村经济活动特点

（一）乡村的概念和城乡差别

1. 乡村的概念

乡村，包括乡镇和农村两级，是指由农民、农户组成的，以经营农业为主、有特殊生产方式的地区。它是与城市相对而言的一个概念和范畴。

乡村具有以下特征：以农为主，以农业生产方式为基础、人口密度较低，素质相对较差、地缘、血缘关系明显、地域特征明显等。

2. 城乡差别

城市与乡村在居民收入、教育、医疗、消费、就业和政府公共投入等方面都存在显著差别。

（二）乡村经济概念

乡村经济是指经济活动或者经济关系发生地在乡村，或者与农业生产有着较为直接的关系的经济集群，是乡村中的经济关系和社会关系的总称，包括种植业、林业、牧业、渔业、乡村工业、乡村服务业、乡村物流业、乡村休闲旅游业等所有经济部门或行业。

乡村经济要根据地域优势选择不同的行业类型。据调查，乡村物流业、乡村休闲旅游业近年来发展越来越快，无论从市场规模还是经营效益来看，在过去几年中均获得较好的发展。乡村物流业和乡村休闲旅游业在政策和需求的推动下，其市场发展前景看好。

（三）我国乡村经济的特点

改革开放以来，我国乡村经济的特点主要有：实行家庭承包经营制；各地经济发展不平衡，东部比较发达，西部比较落后；农业劳动力数量多，素质差；农村生态环境保护任重道远；土地、资本、科技等资源不足，其他自然资源条件较差等。现阶段，我国乡村经济呈现出新的发展特点，主要体现在：

1. 乡村集体经济实现形式多样化

随着乡村改革和发展，乡村集体经济实现形式呈现多样化特征。主要表现在：

（1）少数的生产力水平较高、集体经济比较发达的乡村，没有实行家庭联产承包责任制，而是在土地等主要生产资料集体所有的基础上，保持了集体统一经营的经济体制。如河南刘庄村、黑龙江兴十四村等。

（2）目前全国乡村最广泛存在的仍然是以家庭分散经营为主的承包责任制形式。

（3）家庭承包经营基础上，一些农民顺应市场经济的发展，在乡村社区或突破社区界限自发成立了专业合作社以及股份制、股份合作制等多种形式的经济组织，提高了组织化程度和收入水平。

2. 乡村集体经济发展的不平衡性

这种不平衡性主要体现在两个方面：

（1）在乡村社区集体经济内部，家庭分散经营层与集体统一经营层发展的不平衡，主要表现为家庭分散经营层的绝对强势和集体统一经营层的弱化。

（2）村级集体经济组织之间发展的不平衡性，主要体现在以村为单位的农民人均收入水平的阶梯性差距。

3. 村级集体经济总体实力下降

在一些没有实体经济的乡村，缺乏村级财政资金的稳定来源，村级集体经济存在收入减少、支出扩大，缺乏发展的稳定性和可持续性等特点。这样的乡村，集体收入主要依靠财政补贴、宅基地地基指标拍卖、土地出租和村级集体资产的租金等有限来源。

二、乡村经济管理的内涵与管理目标

（一）经济管理的概念

经济管理是指经济管理者为实现预定目标，对社会经济活动或生产经营活动所进行的计划、组织、决策、领导和控制等活动。简而言之，经济管理就是经济管理者对经济活动的管理。根据经济分类不同，经济管理也分为宏观经济管理和微观经济管理。宏观经济管理是指国家对国民经济体系和社会经济活动的指导、调节、监督和控制；微观经济管理是指各类管理组织的经营管理。

(二)乡村经济管理的概念和内涵

【典型案例】

看准市场空当　做到严阵以待

1996年，何俊华和丈夫在山东、河北务工时注意到，当地农村多养殖小尾寒羊。

2011年3月，正逢阆中市劳动就业局创业培训班在文成镇开班，何俊华回到老家报了名，她把打算养羊的想法告诉了辅导老师戴运，戴运分析了本地养殖资源和市场前景，认为在阆中养羊大有可为。

经过市场调查后，她发现阆中当时还没人养殖小尾寒羊，于是她回到山东，买回38只小尾寒羊种羊。

“修建圈舍花了4个多月时间。”何俊华说，创业之初，完全按照北方养殖场的规格依葫芦画瓢，没有因地制宜，走了不少弯路。

38只种羊饲养成功后，2012年春，何俊华又从山东购回100余只小尾寒羊种羊。

一次，时值夏季，两只羊到了产仔期，何俊华本打算待羊产下羊崽后再剪毛。谁知羊怎么也不吃东西，她灵机一动，剪下羊身上的厚毛，羊便起身吃起干草来。发现了这个规律，每到夏季，何俊华都要聘请当地农民剪羊毛。

创业之初，资金需求量较大，银行贷款手续复杂、利息又高，何俊华没少犯愁。在当地人社局和就业局的帮助下，她顺利获得10万元创业小额贷款，并获得贴息补助。

为带动更多乡邻共同致富，2012年，何俊华与同村养殖户成立俊华畜牧养殖专业合作社，形成“规模养殖、种羊供给、技术指导、疾病防控、市场销售、养殖户辐射”的多元并进格局。与此同时，她还利用网络向南方多省投放广告。

目前，她养殖的小尾寒羊、波尔山羊等品种远销广东、湖南、湖北、云南、贵州等地。

(资料来源：http://www.nongcun5.com/news/20141203/32714.html)

案例启示：何俊华为什么能致富呢？因为她应用了乡村经济管理中有关的知识，让我们来看看乡村经济管理的概念和内涵吧！

乡村经济管理是指管理者为达到预定目标，对乡镇、农村经济活动进行合理的计划、组织、决策、领导和控制的过程。它包括以下几方面内涵。

1.以市场需求和国家经济政策为导向

在乡村经济中要自觉按照市场规律进行管理，以市场需求为导向发展乡村经济。此外，乡村经济管理要以国家的经济政策为指导，从而获得国家和政府的扶持和帮助，才能更好地促进乡村经济发展。

2.以乡村生产要素及各种产业为管理对象

乡村的人、财、物、信息等经济资源，农、林、牧、渔与乡村服务业、乡村工业、乡村物流业、乡村休闲旅游业等部门或行业，都是乡村经济管理的对象和客体。在管理中要科学分析其组合效果，以求取得最佳效果。

3.以壮大乡村集体经济和促进农民增收为目标

乡村经济从总体上看，分为乡村集体经济和农民个体经济两部分。因此，乡村经济管理的目标：一是壮大乡村集体经济，二是促进农民增收。

4.以计划、组织、决策、领导和控制为手段

乡村经济管理属于管理的范畴，自然管理的职能也是乡村经济管理的手段。

（三）乡村经济管理的基本原则与目标

1.乡村经济管理的基本原则

(1)整体效益原则。在乡村经济管理过程中，既要考虑经济效益和社会效益，也要考虑生态效益，要充分发挥科学技术在乡村经济发展中的促进作用，发挥科技是第一生产力的作用。树立全局意识，坚持整体效益原则，切不可因小失大。

(2)民主管理原则。按照乡村民主管理要求，对被列入村务公开、财务公开、“一事一议”以及村级事务民主决策范畴之内的乡村经济活动，严格按照有关要求和程序办理，接受村民监督。

(3)实事求是原则。乡村经济管理中要坚持“实事求是”，一切从实际出发，按照乡村经济的客观实际情况和发展规律进行管理，防止超越现实和违背客观规律的主观臆断。

(4)利益协调原则。乡村经济管理要在乡村的人、财、物、信息等生产要素占用和生产、分配、交换、消费等环节正确处理国家、集体和个人三者的利益关系，使三者利益都得到合理兼顾，以调动各方的积极性，提高乡村经济管理的效率和效果。

(5)责任、权力和利益相统一原则。在乡村经济管理中正确划分乡村经济活动

中各个方面的责任和权力，明确相应的利益，并使之相统一、相一致，以激发活力和动力，达到预期效果。

2.乡村经济管理的目标任务

现阶段我国乡村经济管理的目标任务主要有：深化乡村经济体制改革，建立和完善新的经济体制；根据实际需要建立合理的地区产业结构；大力发展乡村企业，保护环境，实现乡村的可持续发展；根据乡村经济区域特点，提高乡村的综合能力，增强乡村产业的市场竞争力；乡村全面实现小康，并逐步向更高水平前进。

模块一

乡村经济体制、基本经营与分配制度

了解我国乡村经济体制、基本经营体制、土地制度、收入分配制度、税收制度等内容，是我们进行乡村经济管理的前提条件；掌握乡村经济效益评价方法及提高效益途径内容，有利于我们更好地分析评价当地乡村各产业经营模式，改进管理方法，创新工作思路，为全面推动我国社会主义新农村建设提供有力保证。

项目一 乡村经济体制与基本经营制度

【引导案例】

土地承包权不能继承

尚甲的母亲王某生前一直与其兄长尚乙一起生活。1999年进行第二轮土地承包时，其兄长尚乙共承包土地4.9亩，其中含王某的土地份额0.7亩。在王某去世后，这0.7亩土地也由尚乙一直耕种。

2005年，尚甲说，母亲王某留有遗嘱，将该0.7亩土地归了自己。并将兄长尚乙诉至法院，请求法院判令尚乙退还土地0.7亩，并赔偿经济损失2 000元。

一审法院认为，承包人死亡，其承包地不允许继承，尚甲要求尚乙返还侵占土地的诉讼请求，不予支持。尚甲在举证期限内没有提供承包合同或相关土地承包经营权证等足够的证据。故判决驳回原告尚甲的诉讼请求。

【释义】本案诉争的土地0.7亩是以家庭承包方式承包的耕地。家庭承包的承包方是本集体经济组织的农户，即家庭承包是以农户为单位而不是以个人为单位。以家庭承包方式而来的土地承包经营权是农户基于本集体经济组织成员的身份、通过合同方式、无偿取得的一种财产权。这就决定了家庭土地承包经营权的继承与一般意义上的继承不同。

以家庭承包方式取得的承包经营权具有社会保障功能，它为集体成员提供的是基本的社会保障。当承包农户中的一人或几人死亡时，承包地仍由其他家庭成员继续承包经营，不发生继承的问题。

家庭承包中，承包经营所得的收益依法能够被继承，承包经营权本身不能继承。本案中，原告尚甲诉请按照其母王某的遗嘱对农村土地承包经营权进行继承没有法律依据。

【评析】我国土地承包法将农村土地的类型分为耕地、草地以及其他依法用于农业的土地，将农村土地承包分为“家庭承包”和“其他方式的承包”两类。

“家庭承包”的承包方是本集体经济组织的农户，“其他方式的承包”是指不宜采取家庭承包方式的荒山、荒沟、荒丘、荒滩等农村土地，通过招标、拍卖，公开协商等方式的承包，承包方的主体可以是本集体经济组织成员，也可以是本集体经济组织以外的单位或者个人。

针对“其他方式的承包”，法律明确规定，“土地承包经营权通过招标、拍卖、公开协商等方式取得的，该承包人死亡，其应得的承包权益，依照继承法的规定继承；在承包期内，其继承人可以继续承包。”该项规定实际上是针对上述“四荒”地做出的，并不包含耕地。

我国土地承包法对耕地的承包经营权的继承未予支持，而确定了以“户”为生产经营单位的耕地承包经营权模式。家庭成员对于土地承包权在性质上是财产的共有关系。因此，家庭中部分成员死亡，只要作为承包方的户还在，就不发生继承的问题，而由家庭中的其他成员继续承包。所谓承包土地“生不添，死不去”。若承包人死亡，作为承包经营的家庭消亡的情况下，土地应当由集体经济组织收回或另行发包，或严格用于解决农村新增人口的生活用地矛盾。只是集体经济组织在收回耕地时应当将土地上的收益抵偿给继承人。

（资料来源：http://www.sdny.gov.cn/art/2010/6/12/art_682_232891.html）

案例启示：从此案例可以看出，了解掌握我国乡村的经济体制和土地制度很重要，否则就会出现违反国家有关法律或制度的情况发生。

【项目目标】

完成本项目学习任务后，你应该能

1. 了解我国乡村经济体制发展阶段和现行体制
2. 掌握乡村土地的类型
3. 掌握乡村农用土地和建设用地的有关规定
4. 熟悉我国乡村双层经营体制和家庭承包土地合同的样本

【项目任务描述】

本项目分为认知我国乡村经济体制与土地制度和认知我国乡村基本经营体制二个任务。通过本项目任务的操作与学习，能让学员了解我国乡村经济体制的发展阶段和现行体制；掌握乡村土地的类型、乡村农用土地和建设用地的有关规定；熟悉我国乡村双层经营体制和家庭承包土地合同的样本等。通过学习，能增强学员对本项目的学习兴趣，培养学员查阅资料、观察分析、调查研究和沟通协作等能胜任岗位工作的职业素质。

任务一　认知我国乡村经济体制与土地制度

一、任务准备

（一）我国现阶段的基本经济体制及特征

我国现在处于社会主义初级阶段，我国现阶段的基本经济体制是社会主义市场经济体制。它的特征有以下几个方面。

一是在所有制结构上，以公有制为主体、多种所有制经济共同发展，一切符合"三个有利于"标准的所有制形式都可以而且应该用来为社会主义服务。

二是在分配制度上，以按劳分配为主体、多种分配形式并存。

三是在宏观调控上，以实现最广大劳动人民利益为出发点和归宿，社会主义国家能够把人们的当前利益与长远利益、局部利益与整体利益结合起来，使市场在社会主义国家宏观调控下对资源配置起基础性作用，更好地发挥计划和市场两种手段的长处。

（二）我国改革开放以来乡村经济体制的发展

乡村经济体制是乡村生产、流通、分配的制度安排，其核心是乡村土地产权制度和乡村基本经营体制。以十一届三中全会为起点，我国的乡村经济体制发展经历了四个阶段。

第一阶段是1978—1984年。我国推行了以家庭承包为基础、统分结合的双层经营体制，废除了以公有制为主体的人民公社制度，突破了计划经济体制。

第二阶段是1985—1992年。一方面，政府鼓励多种经营模式的发展，优化种植结构避免单一发展；另一方面，鼓励农民进行非农业生产方式和大力发展乡镇企业。乡村市场进一步向市场经济发展模式靠拢。

第三阶段是1993—1998年。1993年中共十四届三中全会通过了《关于建立社会主义市场经济体制若干问题的决定》，乡村经济进入全面市场经济发展阶段，市场机制完全取代了计划手段。

第四阶段是1999年至今。中央于1998年发布了《关于加强农村工作若干问题的决定》，把“三农”工作纳入到统筹城乡发展的战略当中，考虑改变城乡二元形态结构，实行“以工促农，以城带乡”建立和建设农业和农村经济长效发展机制，实现乡村的全面发展。

（三）我国乡村现行的土地制度

我国现在施行的《土地管理法》是1986年6月25日，第六届全国人大常委会第十六次会议通过并颁布的。1998年8月29日第九届全国人民代表大会常务委员会第四次会议第一次修订，2004年8月28日第十届全国人民代表大会常务委员会第十一次会议第二次修订。

1.我国乡村土地的类型

我国乡村的土地分为农用地、建设用地和未利用地。

农用地是指直接用于农业生产的土地，包括耕地、林地、草地、农田水利用地、养殖水面等；建设用地是指建造建筑物、构筑物的土地，包括乡村住宅和公共设施用地、工矿用地、交通水利设施用地、旅游用地、军事设施用地等；未利用地是指农用地和建设用地以外的土地。

2.乡村农用地所有权和使用权

农民集体所有的土地由本集体经济组织的成员承包经营，从事种植业、林业、畜牧业、渔业生产。农村土地承包法规定，耕地的承包期为30年。草地的承包期为30～50年。林地的承包期为30～70年。发包方和承包方应当订立承包合同，约定双方的权利和义务。承包经营土地的农民有保护和按照承包合同约定的用途合理利用土地的义务。农民的土地承包经营权受法律保护。

在土地承包经营期限内，对个别承包经营者之间承包的土地进行适当调整的，必须经村民会议2/3以上成员或者2/3以上村民代表的同意，并报乡（镇）人民政府和县级人民政府农业行政主管部门批准。

农民集体所有的土地，可以由本集体经济组织以外的单位或者个人承包经营，从事种植业、林业、畜牧业、渔业生产。发包方和承包方应当订立承包合同，约定双方的权利和义务。土地承包经营的期限由承包合同约定。承包经营土地的单位和个人，有保护和按照承包合同约定的用途合理利用土地的义务。

农民集体所有的土地由本集体经济组织以外的单位或者个人承包经营的，必须经村民会议2/3以上成员或者2/3以上村民代表的同意，并报乡（镇）人民政府批准。

3.乡村建设用地有关规定

兴办乡镇企业和村民建设住宅可经依法批准使用本集体经济组织农民集体所有的土地，或者乡（镇）村公共设施和公益事业建设可经依法批准使用农民集体所有的土地。

建设占用土地，涉及农用地转为建设用地的，应当办理农用地转用审批手续。

乡镇企业、乡（镇）村公共设施、公益事业、农村村民住宅等乡（镇）村建设，应当按照村庄和集镇规划，合理布局，综合开发，配套建设；建设用地，应当符合乡（镇）土地利用总体规划和土地利用年度计划，并依照规定办理审批手续。

农村集体经济组织使用乡（镇）土地利用总体规划确定的建设用地兴办企业或者与其他单位、个人以土地使用权入股、联营等形式共同举办企业的，应当持有关批准文件，向县级以上地方人民政府土地行政主管部门提出申请，按照省、自治区、直辖市规定的批准权限，由县级以上地方人民政府批准；其中，涉及占用农用地的，依照本法第四十四条的规定办理审批手续。

乡（镇）村公共设施、公益事业建设，需要使用土地的，经乡（镇）人民政府审核，向县级以上地方人民政府土地行政主管部门提出申请，按照省、自治区、直辖市规定的批准权限，由县级以上地方人民政府批准；其中，涉及占用农用地的，依照本法第四十四条的规定办理审批手续。

农村村民一户只能拥有一处宅基地，其宅基地的面积不得超过省、自治区、直辖市规定的标准。

农民集体所有的土地的使用权不得出让、转让或者出租用于非农业建设；但是，符合土地利用总体规划并依法取得建设用地的企业，因破产、兼并等情形致使土地使用权依法发生转移的除外。

二、学习任务设计与实施

【学习任务设计】

见图 1-1。

【学习任务实施】

(1)安排学员课前通过图书馆、资料室、网络查找我国乡村经济体制与土地制度的有关内容。

(2)在教师安排下对学员进行分组，每组结合所搜集资料讨论两个案例，根据教师要求每组写出一份学习体会。

(3)每组学员选一名代表，讲解学习途径和讨论体会，其他组员做补充发言。

(4)教师对各组学习、纪律、协作精神方面进行评价，对主要内容进行总结。

(5)教师指导学员学习知识拓展内容，了解乡村经济体制创新方向，并布置任务思考题。

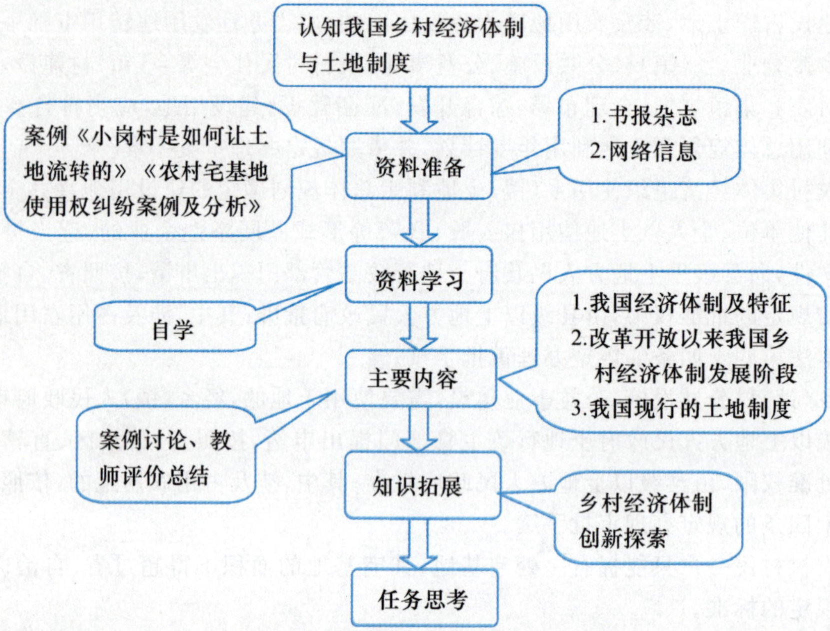

图 1-1 认知我国乡村经济体制与土地制度学习任务完成流程

【典型案例 1】

小岗村是如何让土地流转的

改革开放 30 周年之际，小岗村推动土地流转、适度规模经营、发展合作经济、创新乡村治理模式等改革新试验的启动和深化，展现出来的是一个开放型新农村的小岗村。正是这些新探索、新转变，让小岗村在近两年时间里，人均收入由 3 000 多元上升至 6 000 多元，摆脱了二十多年来一直停滞不前的状况。

今天，小岗村一系列新的改革试验，也再次吸引了关心中国农村问题的众多专家学者的目光。他们都不约而同把“中国改革第一村”作为中国传统农区的缩影，试图从中寻求破解当今中国“三农”问题的新答案。

试验 1 600 亩土地租给经营户只要坚持土地的最终承包权不变和群众自愿原则，农民就拥护流转。65 岁的老农严金昌如今成了一个现代养殖场的饲养管理者。作为当年秘密在“分田到户”协议上摁下红手印的“大包干”带头人之一，他和几户农民一起，又把自己当年冒着坐牢风险分到自家的田地租了出去，交由上海一家养殖公司发展种猪扩繁基地。因为养殖经验丰富、具有一定号召力，严金昌被提升为这个占地200多亩的现代养殖场的管理者。出租土地的农民有的外出打工，有的则接受了这家公司的返聘，成为企业员工，每人每月领取800元左右的工资。严金昌告诉记者，“工资、每亩地一年500元的租金，再加上年终一定量的分红，一年到头少说也有两万多元收入，这可比种地划算得多。粮食种得再好，一亩地一年的纯收入也超不过500元。”这位30年前领头实行分田到户、自主生产的老农现在成了土地集中流转、发展现代农业的积极倡导者。

村口门楼的对面，是小岗村另一个经土地流转而兴起的现代农业园——180多亩的葡萄种植园。“大包干”带头人之一严俊昌的儿子严德友是这里的主人。据他说，“每亩葡萄的效益是种粮的10倍。通过土地租赁和串换，便于集中施肥、灌溉、除虫和管理，还能获得明显的规模效益。”据了解，除了集体统一组织外，小岗村更多的承包地是农户通过血缘关系、邻里关系等多种方式自己实现流转的。

目前，全村1 800亩耕地已有600余亩实现流转，发展起粮食、葡萄规模种植及双孢菇产业等，每亩土地收益上升了5倍、10倍，甚至20倍。严德友说，这个趋势还在扩大，只要坚持土地的最终承包权不变和群众自愿原则，农民就拥护流转。现在愿意转让土地的村民多，缺的是有实力又有能力的规模经营者。当年大包干主要带头人之一的严俊昌担心，眼下大规模的土地流转是在缺少制度安排和不规范的情况下形成的。他认为，在新的起点上，需要尽快完善相应的制度。

（资料来源：http://wenwen. sogou. com/z/q593893708. htm）

【典型案例2】

农村宅基地使用权纠纷案例及分析

村民李某已有宅基地，后又取得一份宅基地。李某便与同村王某签订了宅基地使用权转让合同，李某将这份宅基地以5万元的价格转让给王某，王某将款项支付给李某。当王某开始建房时，被邻居张某阻止，致使王某无法建房。王某以侵权为由，将邻居张某诉至法院，请求停止侵权，排除妨碍。邻居张某以王某无权取得宅基地使用权为由，请求驳回李某的诉讼请求。

案例评析

一、本案涉及的法律问题

1. 李某能否取得这份宅基地的使用权

《土地管理法》第62条规定：“农村村民一户只能拥有一处宅基地，其他宅基地的面积不得超过省、自治区、直辖市规定的标准。农村村民建住宅，应当符合乡(镇)土地利用总体规划，并尽量使用原有的宅基地和村内空闲地。农村村民住宅用地，经乡(镇)人民政府审核，由县级人民政府批准；其中，涉及占用农用地的，依照本法第44条的规定办理审批手续。农村村民出卖、出租住房后，再申请宅基地的，不予批准。”根据上述法律规定，李某在已拥有宅基地的情况下，显然不能取得这份宅基地的使用权。

2. 李某与王某的宅基地使用权转让合同的效力

根据《合同法》第52条之规定，违反法律、行政法规的强制性规定的合同视为无效合同。从本案来看，该宅基地使用权转让合同因违反土地管理法规定为无效合同。

3. 王某的诉讼请求能否被支持

因李某与王某的宅基地使用权转让合同为无效合同，王某不能取得宅基地的使用权，则王某建房的权益就不受法律保护。显然，邻居张某就不能构成对王某的侵权。因此，人民法院应当予以驳回王某的诉讼请求。同时，还应当向土地管理部门发出司法建议书，对该案所反映的情况予以调查处理。

二、农村宅基地使用权的特点

1. 宅基地的所有权归农民集体

《宪法》第10条规定：“……宅基地和自留地、自留山，也属于集体所有。”因此，宅基地的所有权属性，已经用根本法的形式固定为集体所有。《土地管理法》第8条第2款规定：“……宅基地和自留地、自留山，属于农民集体所有。”则更进一步明确宅基地归农民集体所有。

2. 宅基地使用权的主体是集体经济组织人员

3. 原则上宅基地使用权不得出卖、转让或抵押

同时符合以下条件的可以随同宅基地建筑物转让：宅基地使用权随宅基地上建造的房屋及其他建筑物所有权的转移而产生的宅基地使用权转让；受让人必须是本集体经济组织的成员。

4. 宅基地使用权具有福利性

农民取得宅基地使用权基本上是无偿的。因此宅基地使用权是对集体经济组织成员的照顾和优惠，具有福利性。

(资料来源：http://www.66law.cn/laws/112277.aspx)

三、知识拓展

乡村经济体制创新探索

乡村经济的发展和农业生产率的提高，乡村一部分剩余劳动力开始流向城市，一些外出打工的农民，凭借着辛勤劳动，成为百万富翁和企业的技术骨干。同时，随着我国乡村城镇化进程的加快，一些外出农民开始回乡创业，又推动了乡村城镇化和乡村经济、就业结构的变革。此外，国家加大对"三农"的投入，新农村建设突飞猛进，城乡间的经济发展趋于协调。

在乡村经济体制尝试以下探索：

（一）统筹城乡经济一体化建设，推动乡村经济的发展

城乡分割体制不仅制约了乡村经济的发展，而且阻碍了我国城市化进程，最终不利于我国经济的发展。因此，在统筹城乡经济发展，推进乡村经济体制改革的过程中，要积极推动城乡经济一体化发展，实现城乡生产要素的自由流动和社会平等地位，尤其要实现城乡公共服务均等化。为此，要从规划入手，建立城乡经济一体化的相关机制，完善城乡一体化的基础设施，连接城乡统一的市场，推动城乡商品、劳务、资源的自由流动，实现城乡经济的联动发展。

（二）拓宽农民收入渠道，着力多方面增加农民收入

放宽创业门槛，加强对农民创业的扶持力度，完善创业服务体系，多层次、全方位地鼓励农民的创业；同时加快农业的现代化建设，积极支持对农产品的深加工，提高农产品的劳动附加值，增加农民的收入；大力发展乡镇企业，尤其是农产品加工企业，吸收农村剩余劳动力，提高农民的收益。此外，完善农村土地承包经营权能，保障农民在土地上的合法收益。

（三）大力发展乡村经济，促进乡村生产经营模式的转变

推进农业现代化建设，提高农业生产率，摆脱传统的农业生产模式；积极鼓励发展立体化农业，因地制宜，形成农林牧副渔立体化农业，多方位提高土地的收益；规范乡村市场，逐步完善乡村市场的管理制度，保障合法经营，推进乡村市场化建设，以市场化带动乡村资源的合理开发利用，促使乡村经济的可持续发展。

（四）转变基层政府职能，更好地服务乡村经济发展

明确基层政府各部门的经济管理职责，建立相关的管理制度，确保基层政府更好地履行其相关职能；加大对乡村的财政投入和基层政府的财政审核和监管，确保各种财政投入落到实处，保障农民的利益；加强对基层政府管理干部的培训，提高其综合素质，更好地管理乡村事务；把乡村经济发展和农民的增收列入对基层政府干部的政绩考核机制中，通过激励机制，促使基层政府职能的转变，更好地服务于乡村经济发展。

（资料来源：http://lw.3edu.net/gmjj/lw _ 174354.html）

四、任务思考

(1)我国现行的乡村经济体制是什么？

(2)我国乡村土地有哪些类型？国家对农用地和建设用地有哪些主要规定？

任务二 认知我国乡村基本经营体制

一、任务准备

(一)经营体制的概念

经营体制是指进行经营活动采用的组织形式和经营方法的总称。即经营管理者运用怎样的组织和怎样的经营方法来组织经济活动。

(二)我国乡村双层经营体制的概念与内涵

改革开放以来，我国在广大乡村建立起以农户家庭承包经营为基础的统分结合的双层经营体制。所谓双层经营，是指我国乡村实行联产承包责任制以后形成的农户家庭分散经营和集体统一经营相结合的经营模式。

改革开放以后，以家庭为单位实行分散经营，适应了现阶段农业生产力较低的实际情况，有利于克服过去存在的管理过分集中、经营方式过分单一，以及吃“大锅饭”的弊端，有利于扩大农民的经营自主权，调动农民的积极性。但是，分散经营难以实现机械化耕作，抵御自然灾害能力较低，而集体经营能够完成一家一户难以承担的生产活动。统分结合的双层经营体制较好地协调了集体利益和个人利益，使集体统一经营和家庭自主经营两个积极性同时得到发挥，取得更大的经济效益。

(三)我国乡村双层经营体制的基本特征

我国乡村的双层经营体制有以下四个方面的基本特征。

1.以土地集体所有制为基础

以家庭承包经营为基础的双层经营体制，其土地的所有制性质是劳动农民集体所有制。这种土地所有关系，在农业社会主义改造运动中产生、发展，并在高级农业合作社和人民公社化运行中确立、形成。推行以家庭联产承包经营为基础的农村双层经营体制，完全保留了土地为劳动农民集体所有的性质，这表明它不仅没有脱离社会主义方向，而且使已经建立起来的农村社会主义经济制度得到了自我完善。

2. 以土地“两权”分离为前提

土地使用权从所有权中分离出来，这是产生家庭经营这一基础层次的前提。实践证明：在土地集体所有制的基础上实行家庭分散经营的两权分离，一般优于集体所有、集体统一经营的两权合一。因为两权分离后，既充分发挥了家庭个人经营的积极性，又克服了集体高度统一经营的弊端。

3. 以双层经营结构为基本特点

所谓双层经营结构，是指集体统一经营的主导层次和家庭分散经营的基础层次。这两个层次有机结合，形成双层经营的基本构架。从动态的角度看，集体统一经营和家庭分散经营的发展、完善并非齐头并进，在不同地区不同条件下，集体统一经营的层次和家庭分散经营的层次在双层经营结构中的比重并不完全相同。大体有三种情况：一是统分结合以统为主；二是统分结合以分为主；三是统分结合，集体统一经营与家庭分散经营的比重相当。

4. 以种植业为基本经营内容

由于土地的集体所有制是我国农村经济制度的基本制度，而家庭联产承包制的核心内容又是土地经营权的承包，所以双层经营体制的基本经营内容是种植业。土地的均等分散承包经营、种植业生产力水平较低及其自身的特点，使种植业中的集体统一经营与家庭分散经营相结合的双层经营体制具有特殊的意义。

（四）我国乡村双层经营体制中联系两个经营层次的纽带——承包合同

承包合同，是指在实行乡村家庭承包经营的过程中，乡村集体经济组织与其成员——农户，为了发包、承包集体所有的土地等生产资料，以及依法确定农户长期使用该生产资料，明确其权利与义务，而订立的协议。按承包项目的不同，可分为耕地、果（茶、桑）园、林地、山场、草原、水面、荒山（沟、滩）、农业机械、水利设施等承包合同。

承包合同一经签订，即具有法律约束力，从而使乡村集体经济组织和农户在生产经营中合法权益受到法律保护。因此，签订承包合同应坚持以下原则：一是必须符合国家的法律、法规和政策；二是要兼顾国家、集体和个人三者的利益；三是要符合乡村集体经济组织章程，遵守乡村集体经济组织成员大会或成员代表大会的决议；四是要维护农民的合法权益；五是要有利于乡村基本政策和基本经营制度的稳定和完善。

二、学习任务设计与实施

【学习任务设计】

见图 1-2。

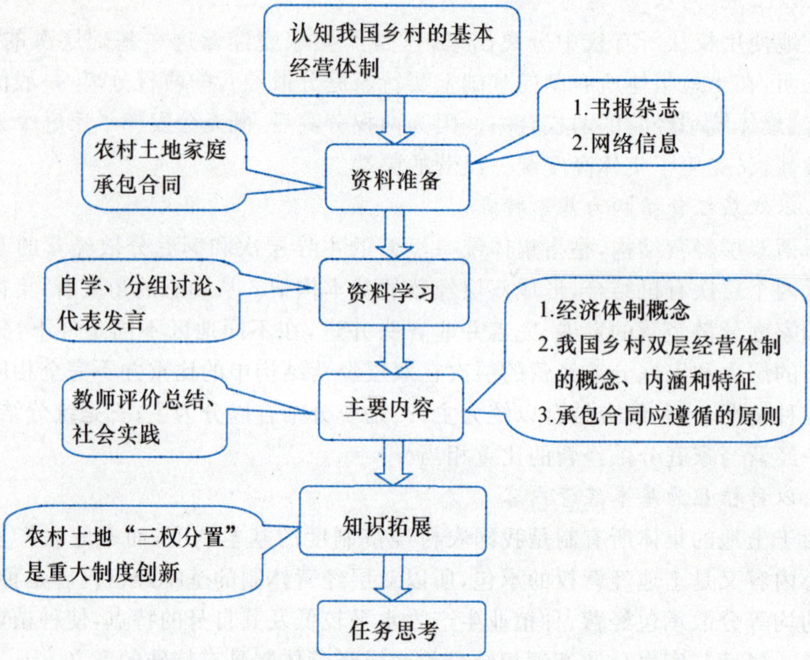

图 1-2 认知我国乡村的基本经营体制学习任务完成流程

【学习任务实施】

（1）安排学员课前通过图书馆、资料室、网络查找我国乡村经营体制双层经营体制等有关内容。

（2）分组讨论所搜集资料并进行汇总。每组选一名同学进行讲解本组学习收获，其他同学做补充发言。

（3）教师对各组学习方法、纪律遵守、卫生保持、协作精神进行分析评价，对内容进行总结；讲解农村土地家庭承包合同样本中应注意事项。

（4）每位同学找一个乡村进行调研，看看村民签订的土地承包合同主要部分是否和所学内容一致。如有不同，分析其原因，并模拟签订农村土地承包合同样本（农村土地承包合同样本见附录）。

(5)指导学员学习知识拓展内容，了解我国农村土地的“三权分置”内容，并布置任务思考题。

三、知识拓展

农村土地“三权分置”是重大制度创新

农业部部长韩长赋说，中办、国办在2014年12月份印发的《关于引导农村土地经营权有序流转发展农业适度规模经营的意见》阐述的“三权分置”改革是我国土地制度改革的重大制度创新、理论创新和实践创新。要准确把握32个字：“三权分置，确权登记，有序流转，适度规模，家庭基础，农民自愿，农地农用，鼓励种粮。”

韩长赋介绍，三权分置，就是要在坚持农村土地集体所有的前提下，实现土地所有权、承包权、经营权分置。

三权分置是引导土地有序流转的重要基础，既可以维护集体土地所有者权益，保护农户的承包权益，又能够放活土地经营权，解决土地要素优化配置的问题；既可以适应二、三产业快速发展的需要，让农村劳动力放心转移就业、放心流转土地，又能够促进土地规模经营的形成。

确权登记，就是要稳定土地承包关系。目前，农户承包地仍然存在面积不准、空间位置不明、登记簿不健全等问题，这使许多农民心里不够踏实，总担心土地流转出去自己的权益无法保障。解决这一问题，关键是要搞好承包地确权登记颁证工作，颁发权属证书，强化物权保护，为土地经营权流转奠定坚实的产权基础，真正让农民吃上“定心丸”。

有序流转，就是要确保土地经营权流转规范有序进行。什么是有序？就是要遵循经济发展规律，不超越阶段；尊重农民的意愿，不强迫命令；保护经营者权益，不随意毁约；遵守法制规范，不留隐患漏洞。

适度规模，就是要把握好规模经营的度。发展规模经营势在必行，但规模要适度，要与农业劳动力和人口流出相适应，要兼顾效率与公平、发展与稳定，不能脱离人多地少的基本国情。到底多少算“适度”，需要根据区域特征、土地条件、作物品种以及经济社会发展水平等多种因素来确定。

家庭基础，是指要在稳定家庭经营基础上培育新型经营主体。国家鼓励土地经营权向种田能手流转，大力培育家庭农场、农民合作社，打造传统承包农户的“升级版”，加快构建以农户家庭经营为基础、合作与联合为纽带、社会化服务为支撑的立体式复合型现代农业经营体系。

农民自愿，就是要充分尊重农民意愿。农民是承包地的主人，搞好土地流转，必须尊重农民的主体地位，不能为了追求农业规模的快速扩大，而侵害农民权益。制定出台促进土地流转和规模经营发展的政策措施，一定要在政策“引导”上而不是行政“推动”上下功夫。

农地农用，就是要坚守农地农用的底线。韩长赋说，耕地红线要严防死守，必须严格落实耕地保护责任制。改造传统农业、发展现代农业，工商资本进入农业是必要的，也是鼓励和欢迎的。但工商企业进入农业，应主要在产前产中产后提供服务和发展适合企业化经营的现代种养业，把一般种养环节留给农民，与农民形成利益共同体，不一定都要大面积直接租种农户承包地，尤其不能触碰土地“非农化”的底线。

鼓励种粮，就是要重点支持粮食规模化生产。怎样才能端牢饭碗？怎样保障国家粮食安全？韩长赋认为，一方面，要严守耕地红线，确保农地农用；另一方面，要提高种粮效益，保护和调动农民种粮积极性。种粮效益怎么提高？既要靠政策、靠科技、靠投入，也要靠适度规模经营，提高比较效益。要采取扶持措施，鼓励和引导流转土地种粮食，重点支持发展粮食规模化生产。

（资料来源：http://sannong.cntv.cn/2014/12/24/ARTI1419396519181708.shtml）

四、任务思考

（1）我国乡村双层经营体制有哪些特征？

（2）签订承包合同需遵循哪些原则？

项目二　乡村收入分配制度与经济效益核算

【引导案例】

内蒙古乌海市种植业效益分析

一、酿酒葡萄(露地)生产成本及收益

由于我市葡萄90%以上为企业种植,我们对全市主要葡萄种植企业进行了调查,结果如下:

成本支出:

第一年投资(每亩):苗木1 100元、平整土地1 000元、开沟回填800元、肥料900元、灌溉设施1 000元、农药80元、生产管理投入1 000元(如是农户自己种植,则此项费用没有),折旧费330元(前期固定资产投入:3 300元,按10年折旧,年折旧额330元)。

第二年投资(每亩):架材1 200元、肥料700元、农药80元、生产管理投入1 000元,折旧费330元。

第三年以后每年投资(每亩):肥料400元、农药80元、生产管理投入1 000元,折旧费330元。

收益:

第一年、第二年葡萄未挂果,没有收入。

第三年收益(每亩):第三年葡萄少量挂果,亩均产量300千克,销售单价5元/千克,加上酿酒葡萄收购价格补贴,销售单价9元/千克,亩产值2 700元。

第四年以后每年收益(每亩):第四年葡萄进入盛果期,亩均产量600千克,销售单价5元/千克,加上酿酒葡萄收购价格补贴,销售单价9元/千克,亩产值5 400元。

效益分析:

葡萄种植前两年没有产量,没有收入,第三年开始挂果,第四年进入盛果期。

前五年每亩总支出 14 950 元，总收入 13 500 元。前六年每亩总支出 16 760 元，总收入 18 900 元。第五年基本收回成本，第六年开始有收益，以后每年的效益为 3 590元/亩。加上 4 600～6 000 元/亩的葡萄新建园补贴，第四年即可收回成本。

如果是农户自己种植，用工费用不计，去掉生产管理投入费用，其他支出项目不变，前四年每亩总支出 9 140 元，总收入 8 100 元。前五年每亩总支出 9 950 元，总收入 13 500 元。第五年收回成本并盈利 3 550 元/亩，第六年开始每年的效益为 4 590 元/亩。加上 4 600～6 000 元/亩的葡萄新建园补贴，第三年基本可收回成本。

二、蔬菜的生产成本及收益

1. 露地蔬菜（以一年种植两茬圆白菜为例）

据对三区蔬菜种植户的调查结果表明，一年种植两茬圆白菜总成本为 2 100 元/亩。其中，人工费用 1 000 元，占总成本的 48%；其他生产资料成本 1 100 元，占总成本的 42%。从效益上看，两茬圆白菜亩产量分别为 4 500 千克和 6 000 千克，销售单价分别为 0.6 元/千克和 0.4 元/千克，亩产值分别为 2 700 元和 2 400 元，总亩产值为 5 100 元，如果扣除总成本，亩均纯收益为 3 000 元；不含人工费亩均效益为 4 000 元。

2. 温室蔬菜（以番茄收获后复种黄瓜为例）

据对三区温室蔬菜种植户的调查结果显示，以种植番茄收获后复种黄瓜的种植模式为例，亩均生产总成本为 26 200 元，其中，人工费用 11 000 元，占总成本的 42%；其他生产资料成本 15 200 元，占总成本的 48%（因有很多温室是企业自建或购买温室，未计算租用温室费用）。从效益上看，番茄和黄瓜亩产量分别为 8 000 千克和 6 500 千克，销售单价分别为 3 元/千克和 4 元/千克，亩产值分别为 24 000 元和 26 000 元，总亩产值为 50 000 元，扣除总成本，亩均纯收益为 23 800 元；不含人工费亩均收益为 34 800 元。

（资料来源：http://nc.mofcom.gov.cn/articlexw/xw/dsxw/201412/18816232_1.html）

案例启示： 乌海市的效益账算得很清楚。那我们辛苦一年，到底挣了多少钱呢？为此，我们非常有必要学习本项目内容：熟悉我国乡村的收入分配制度；了解乡村税收管理体制；掌握乡村经济效益评价方法和提高经济效益的方法途径。

【项目目标】

完成本项目学习任务后，你应该能

1. 熟悉我国乡村收入分配制度
2. 了解我国乡村税收制度
3. 掌握我国乡村经济效益评价方法
4. 熟悉我国乡村提高经济效益的途径和方法

【项目任务描述】

本项目分为认知我国乡村的收入分配与乡村税收制度和乡村经济效益评价方法及提高效益的途径二个任务。通过本项目任务的操作与学习，能让学员了解与熟悉我国乡村收入分配与税收制度；掌握我国乡村经济效益评价方法；熟悉我国乡村提高经济效益的途径和方法等。通过学习，能增强学员对本项目的学习兴趣，培养学员查阅资料、观察分析、调查研究和沟通协作等能胜任岗位工作的职业素质。

任务三　认知我国乡村的收入分配与乡村税收制度

一、任务准备

（一）我国改革开放以来的收入分配制度改革

改革开放以来，我国经济体制由计划经济转向市场经济。随着市场化改革的加速，市场机制已基本取代了传统的计划分配方式，形成了以按劳分配为主，各种生产要素共同参与分配的收入分配制度。我国的收入分配制度改革主要经历了五个阶段。

第一阶段：按劳分配原则的重新启用（1978—1987 年）。

第二阶段：按劳分配为主，其他分配为辅——社会主义初级阶段分配方式（1987—1992 年）。

第三阶段：按劳分配为主，多种分配方式并存——适应社会主义市场经济的分配方式（1992—2002 年）。

第四阶段：贯彻“效率优先、兼顾公平”原则和明确按要素分配的模式（2002—2007 年）。

第五阶段：“初次分配和再分配都要注重效率和公平”的分配模式（2007 年至今）。

(二)我国乡村现阶段的收入分配制度

乡村收入分配制度是指乡村各种经济组织全年收入在扣除费用性支出后,纯收入在国家、集体和个人三者之间进行分配。我国乡村现阶段实行以家庭承包为基础的双层经营体制,实行以按劳分配为主,各种生产要素共同参与分配的收入分配制度。

1.我国乡村收入

我国乡村收入包括以下四个方面:

(1)农民家庭经营收入。包括农民家庭承包经营和自营两部分。

(2)乡村企业收入。是指乡村及村以下各级举办的农业企业、工业企业、建筑业企业、运输业企业、商业餐饮业企业、服务业企业的收入。

(3)集体统一经营收入。是指实行统一经营的农村生产合作社、生产大队和生产队等经济组织的收入,包括集体经济组织间联合经营和集体承包经营部分。

(4)新经济联合体收入。新经济联合体是指除农村生产合作社、生产大队和生产队以外的新的合作经济形式。

2.乡村收入的分配原则和程序

(1)上缴国家税收。包括按照税法规定应上缴国家的营业税、所得税、牧业税、农林特产税、渔业税、工商税、车船牌照税等。

(2)集体提留。包括公积金、公益金、干部报酬和其他提留。

(3)农民所得。包括农民从村办企业所得、集体统一经营所得、从新经济联合体所得和家庭经营所得。

(三)我国现行的乡村税收管理体制

1.从1994年开始,我国实行分税制改革

乡村税收管理权限也相应地分为国税和地税管理。

2.乡村税收的构成

现阶段我国已经取消了农业税、屠宰税等,乡村税收主要包括企业生产经营税收、个体工商户生产经营税收、事业单位应税劳务产生的税收、窗口开票产生的零散税收。

3.现有乡村税收征管模式

国税乡村税收的征管模式为:撤销所有乡镇征管机构,设个体分局负责全县(市区)所有个体税收征管工作,企业税收设科分片负责,企业税收申报集中于大厅(办税服务厅),所有窗口开票税收也集中于大厅。

地税乡村税收征管模式为:在税源集中地或交通发达地保留乡镇税收征管机构,统管征管区域内所有乡镇税收,并各设办税厅对外服务。这两种模式各有利

弊，国税模式的优点在于，以计算机为依托，在办税服务厅集中征收与服务，重点稽查，初步实现征、管、查三分离，以及专业化、集约化管理。

二、学习任务设计与实施

【学习任务设计】

见图 2-1。

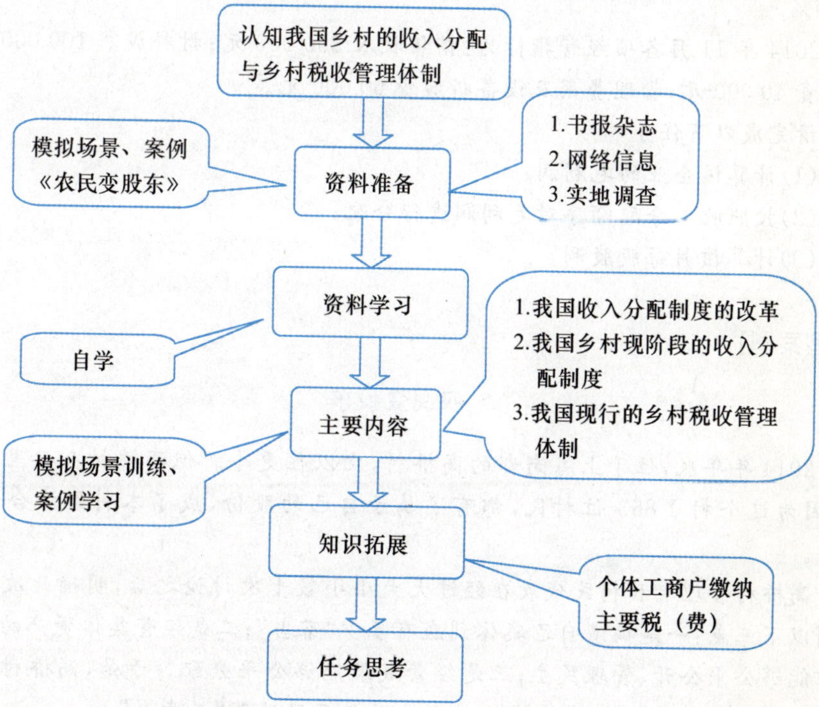

图 2-1　认知我国乡村收入分配与乡村税收管理体制学习任务完成流程

【学习任务实施】

(1)安排学员课前通过图书资料、网络信息、实地调查等途径查找我国乡村收入分配和税收制度有关内容。

(2)根据教师提供的模拟乡村企业经营场景，组织学员完成规定任务，掌握乡村收入分配制度内容。

(3)教师组织学员学习案例《农民变股东》，了解乡村收入分配的变化。

(4)学员学习任务拓展内容，熟悉个体工商户缴纳的主要税(费)。

(5)在教师指导下,学生总结乡村收入分配与乡村税收管理体制主要内容,并布置任务思考题。

乡村企业收入分配模拟场景

某乡村企业为村民自愿入股的股份制企业,共3 000股。该企业每月根据经营状况进行收入分配。该企业所得税税率20%、企业提留公积金10%、提取公益金10%。

2014年11月各项经营指标为:销售收入300 000元;材料成本100 000元;人员工资40 000元;管理费用及设备折旧费60 000元。

请完成以下任务

(1)计算该企业的毛利润;

(2)按照收入分配顺序对毛利润进行分配;

(3)计算该月每股股利。

【典型案例】

农民变股东

2014年年底,位于上海南部的高桥村,比以往更冷。但高桥村人心里是热乎的,因为这个村1 863位村民,都有了属于自己的股份,成了本村经济合作社的股东。

高桥村管理者和村民代表在经过大大小小数十次讨论之后,明确此次改革要做到以下三点:一是搞清自己集体到底有多少"家当";二是经营集体资产的决策过程中能够公平公开、管理民主;三是经营成果能够公平分配。于是,高桥村的集体资产产权制度改革便找到了突破口,并由此展开了改革"三步走"。

第一步是摸清"家底"。2014年的春节刚过,在村委会的带领下,便开始对本村的资产进行审计,经上海华诚会计师事务所梳理审计,截止到2013年年底,确定高桥村总资产为5 723万元,净资产4 872万元。

第二步便是确定"游戏规则"。新成立的高桥经济合作社,通过了《高桥经济合作社章程》,建立了"集体经济组织成员代表大会"、"理事会"、"监事会"的"三会"制度和议事规则,合作社成员对集体资产的所有权、知情权、管理权和收益权等都拥有极高的权利;同时商定社员股份分红原则,可分配收益是在扣除合理日程运行费用(总收入的30%)前提下,提取公积公益金之后,依据"效益决定分配、同股同利原则"分配。

第三步就是确立股权分配原则，因为关系到所有村民的切身利益，因此这一步也成为改革中的重中之重。借鉴上海其他地区改制村的成功经验，高桥村也确认每位社员个人份额一般由农龄股、人口股、继承股组成，其中以农龄股为主，人口股为辅。农龄股和人口股确认难度并不大，但继承股却因为牵扯到家族关系，所以很难判定。因此这个时候，村委只能请政府司法人员来做工作。

截至2014年9月底，确认高桥经济合作社总人数为1 863人，其中农龄（指从事农业生产年数）股33 092.5股，户籍人口股为22 655股，继承股为15 652股，合计总股份为71 399.5股，社员人均持有股份达38.3股。

至此，通过量化、固化社员份额，在明晰产权之后，资产变股权、农民变股民，高桥村村民由之前集体经济组织产权名义拥有者，变成了真正的“股东”。

77岁的沈金福老人对自己的“股东”身份非常满意。

高桥村所有村民都已经领到《社员股权证》。股权证封皮为红色，里面记载的内容大致为合作社社员持有的股份数量、身份信息等。高桥村的股份可以继承，但现阶段不得变现、出售和转让，也不得作其他用途。拥有股份之后，收益实现了翻番。沈金福自己持有97股，老伴持有65股，两人加起来总共有162股。按照今年每股15元的分配比例，他今年可以拿到2 400多元。而在之前，老两口每年虽然也能从村里领取到包括大米、副食品及现金等福利，但人均只有600元左右，仅现在的一半。

（资料来源：http://finance.sina.com.cn/money/roll/20141230/151021197859.shtml）

案例启示：高桥村利用农民变股东，分配制度也相应进行了改革，农民的收入有了显著提高。联系自己所在乡村，看看在经营体制上是否存在挖掘潜力。

三、任务拓展

个体工商户缴纳主要税（费）表

<table>
<tr><th>税种或基金</th><th>计征依据</th><th>税率征收率</th><th>纳税期限</th></tr>
<tr><td>营业税</td><td>计税营业额</td><td>3%～20%</td><td rowspan="3">次月10日前或根据税务机关确定的期限</td></tr>
<tr><td>城建税</td><td rowspan="2">实际交纳的流转税税额</td><td>1%、5%、7%</td></tr>
<tr><td>教育费附加</td><td>3%</td></tr>
<tr><td>个人所得税</td><td>生产经营所得</td><td>5%～35%</td><td>按年计算，分月预缴，次月7日内预缴，年度终了后3个月内汇算清缴</td></tr>
</table>

续表

税种或基金	计征依据	税率征收率	纳税期限
房产税	房产原值 12%	1.2%	从租征收，次月 10 日或根据税务机关确定的期限
城镇土地使用税	实际占用的土地面积	详见各地规定	根据税务机关确定的期限
印花税	应税凭证的金额或数量	0.005%～0.1%，5 元/件	立合同当日汇总缴纳的，月后 10 日内
车船使用税	按车船数量或吨位	详见条例及省政府有关规定	具体纳税期限由市县税务局确定
基本养老保险税	城镇个体工商户的雇工工资 16%	8%	每月 10 日前
水利建设基金	上年销售收入或营业收入	0.06%	根据税务机关确定的期限

注：在实际生产经营过程中，个体工商户应当缴纳的地方税(费)，根据税收法律、行政法规和纳税人所从事生产经营活动的不同类型和计税的不同环节确定。

(资料来源：http://www.156580.com/wen/gtgskss/)

四、任务思考

(1)我国乡村收入如何分配？

(2)我国乡村的税收征管模式怎样？

任务四 乡村经济效益评价方法及提高效益的途径

一、任务准备

(一)我国乡村经济效益评价方法

乡村经济效益评价方法一般分为比较分析法、因素分析法和综合评分法。

1. 比较分析法

比较分析法是指根据对不同可行方案的相同指标进行比较，选出最优方案的分析方法。

2. 因素分析法

因素分析法是指分析两个或两个以上因素对研究对象的经济效益影响程度的方法。具体分析时假定其他因素不变，分析各个因素对经济效益的影响程度和作用大小。

3. 综合评分法

综合评分法是指对各种方案按照要求设置多项指标，先按评价标准对各指标进行评分，然后采用加权相加，求得总分，最后选出最优方案的方法。方法步骤如下：

(1)确定评价指标，即采取哪些指标进行评价。

(2)确定评分标准。先制定出各评价指标统一的评价等级或分值范围；然后制定各评价指标每个等级的标准，以便打分时掌握，标准一般是定性和定量相结合的方法来确定，主次依照具体情况而定。

(3)根据指标和等级评出分值。各个指标的权重之和为1或100%，打分方法是评价者根据收集的资料先判断等级，再进行细化打出具体分数。

(4)编制综合评分计算表。确定各项指标得分后，计算各方案的综合评分，按照确定的评价目的选出最优方案。

(二)提高我国乡村经济效益途径

根据“效益＝收益－投入(成本)”公式，提高我国乡村经济效益的途径有以下三种。

1. 扩大规模途径

通过扩大物质和资金投入使经营收益、经营成本和效益总量都按比例提高，增加经济效益。

2. 提高收益途径

通过研制新产品或改进管理运营模式，在经营成本不变或成本增加较小前提下提高经营收益，进而提高经济效益。

3. 节约投入(成本)途径

在经营收益不变的前提下，通过改进经营管理方法降低经营成本，从而提高经济效益。

(三)提高我国乡村经济效益的方法

提高乡村经济效益的方法很多，主要有以下几种。

1.引进先进人才或理念,提高经营管理水平

即充分发挥人的能动性,先进的管理经验和方法本身就是生产力。在乡村经济活动中,管理经验的匮乏直接影响到经营效益的提高,各类经营者应该结合自身实际情况,吸取知名企业的先进管理经验,必要时可直接引入先进的管理人才,必将对自身经营发展起到至关重要的作用。

2.深入市场调查,开发“新、奇、特”产品

本着“人无我有,人有我优,人优我转。”的经营理念,在深入进行市场调研的基础上,利用科技和信息的优势,开发新品种,扩大占领市场份额是提高经济效益的有效方法之一。

3.立足本地资源,发展新型产业

每个地区的资源各不相同,充分利用本地区的自然资源、人力资源以及科技信息资源,选好产业类型也是提高乡村经济效益的好方法。

4.创建品牌产品促销路

乡村产业也要讲品牌效应,通过注册商标、认证,打响自身的品牌战,推广有机、绿色、无公害农产品,也可以提高经济效益。

二、学习任务与实施

【学习任务设计】

见图 2-2。

【学习任务实施】

(1)安排学员课前通过图书资料、网络信息等途径查找我国乡村经济效益评价指标和分析方法等有关内容。

(2)组织学员利用比较分析法对模拟场景 1(表 2-1)中三种模拟轮作方案进行分析,找出最优方案,掌握比较分析法的运用。

(3)组织学员利用因素分析法对模拟场景 2(表 2-2)给出的模拟乡村企业利润增加进行分析,掌握因素分析法的运用(表 2-3)。

(4)根据模拟场景 3(表 2-4)乡村企业所列资料,学员根据自学知识进行分析,找出三种提高经济效益的途径。

(5)组织学员阅读典型案例《蘑菇种在草莓下　一个大棚多 3 万》《多味草莓 50 元钱一斤不够卖》,分析案例中提高经济效益的途径和方法。

(6)学员结合自己所处乡村进行调研,根据乡村具体情况,找出提高经济效益的途径和方法,编写分析建议书(不少于 1 500 字)。

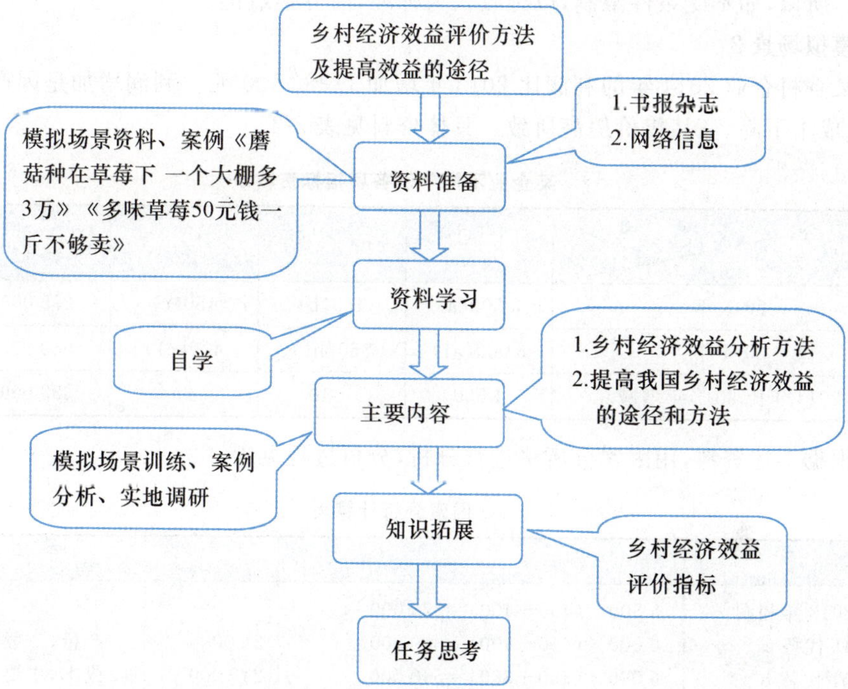

图 2-2　乡村经济效益评价方法及提高效益的途径学习任务完成流程

(7)教师指导学员学习拓展内容，了解乡村经济效益评价指标，并布置任务思考题。

模拟场景 1

某农场有三种粮食作物的轮作方案，其主要经济指标见表 2-1。

表 2-1　某农场比较分析法方案表　元

指标 \ 方案	甲方案	乙方案	丙方案
每亩产值	5 500	4 400	5 200
每亩各种消耗性成本	2 400	1 200	1 600
每亩用工成本	1 500	700	900
每亩纯收入	1 600	2 500	2 700

分析方法：从上表各项指标对比中我们可以看出：甲方案虽然产值最高，但投入成本和用工也最高，纯收入最低；乙方案产值最低，但投入成本和用工也最低，纯收入介于甲、丙方案之间；丙方案产值、投入成本和用工介于甲、乙之间，但纯收入

最高。所以,如不受条件限制,以纯收入为标准,丙方案最优。

模拟场景 2

某乡村企业 2014 年的利润比 2013 年增加了 385 000 元。利润增加是因产量增加、成本下降、商品售价提高所致。具体资料见表 2-2。

表 2-2 某企业不同年份各项指标资料表

指标 / 年份	产量(件)	单位成本(元)	销售单价(元)	利润(元)
2013 年	5 500(a)	400(b)	450(c)	275 000
2014 年	6 000(a1)	360(b1)	470(c1)	660 000
2014 年比 2013 年增减	1 500	−40	20	385 000

根据上述资料,用因素分析法进行分析,分析过程见表 2-3。

表 2-3 因素分析计算表

分析项目	分析过程	影响值	因素影响程度
(1)2013 年利润	5 500×(450−400)=275 000		
a1 代替 a	6 000×(450−400)=300 000	25 000	产量,一般
b1 代替 b	6 000×(450−360)=540 000	240 000	成本,主要
c1 代替 c	6 000×(470−360)=660 000	120 000	售价,次要
(2)2014 年利润	6 000×(470−360)=660 000		
(2)−(1)	660 000−275 000=385 000		

从表 2-3 计算结果可以看出,该企业毛利润增加 385 000 元,受产量、成本、售价三个因素影响。其中:单位成本降低使企业利润增加 240 000 元,是主要影响因素;售价提高使利润增加 120 000 元,是次要影响因素;产量提高使利润增加 25 000 元,是一般影响因素。由此可以看出,该企业在价格比较稳定的前提下,通过改进管理方法、使用新技术降低产品单位成本是增加利润的主要方式。

模拟场景 3

表 2-4 提高经济效益途径比较

指标名称	经营收益	经营成本	经营效益
原经营模式	500 000	350 000	150 000
___?___途径	600 000	420 000	180 000
___?___途径	530 000	350 000	180 000
___?___途径	500 000	320 000	180 000

【典型案例 1】

蘑菇种在草莓下　一个大棚多 3 万元

摘不用弯腰，弯腰采的是草莓架下的蘑菇，这事听着就新鲜。昨天，在昌平区兴寿镇种植户魏建忠家的草莓大棚里，记者看到了这种新鲜的搭配模式。一个个"笑红了脸"的草莓长在架子上，而架子下面，码放整齐的菌棒上长满了扇形平菇。

2012 年，昌平推广高架草莓，"解放"了种植户和游客的腰。为充分利用草莓架下空间，提高利用率，种植户开始在草莓架下做起"文章"，种上了平菇。

日前，第一茬平菇喜获丰收，和草莓一样，这里的平菇也走起了礼盒销售的路线，魏建忠介绍，2 千克的平菇礼盒，能卖到 40 元。春节期间，魏建忠家的这种平菇礼盒一度脱销。"我家今年种了 1 000 棒平菇，年前第一茬儿走礼盒和采摘了，加一起卖了 200 多箱，不到一个月就收入近 1 万元。"魏建忠的妻子笑着告诉记者。

昌平农技中心技术员李颂君介绍，目前一个草莓棚能种植 4 500 棒平菇，每棒年产量 1.5 千克左右，"即使按每千克 10 元的市场价，也能卖到 6 万多元，刨除 3 万元左右的成本，净增收入 3 万元没问题。"

（资料来源：http://www.eeuu88.com/caomeizhifu/20140530/5000.html）

案例启示：案例中昌平利用先进的管理经验和方法，改变种植模式，达到了提高经济效益的目的。联系自己所在乡村，根据所学内容分析提高效益的途径和方法。

【典型案例 2】

四川双流：多味草莓 50 元钱一斤不够卖

这些色彩鲜艳、小巧玲珑、煞是可爱的就是四川省双流县刚刚推出的新品种——特色果味，在当地的草莓果园里，前来采摘的游客络绎不绝。

游客：这种草莓（味道）真是不一样，有香橙味的、有巧克力味的，很新奇，味道很不错。

果园负责人告诉记者，果味草莓是双流引进的新品种，比普通草莓品质好，虽然售价高达每千克 100 元，但仍然受到市场追捧。

草莓果园负责人　李毅：我们的多味草莓现在是 50 元钱一斤，现在的产量根本就不够卖，可以说是供不应求。

据介绍,果味草莓种苗成本比较高,一般的草莓品种种苗一株不过2毛钱,果味草莓种苗一株就要10多元,一亩地下来光种苗就要花1万多元。不过虽然成本高,但果味草莓极具市场竞争力,按照目前的价格,除去各项开支、消耗,一亩保守收入至少都有10万元。目前在双流县,已有相当一部分农民尝到了种植果味草莓的甜头。

(资料来源:http://www.eeuu88.com/caomeizhifu/20140530/4995.html)

案例启示:双流县深入市场调查,利用科技与信息,开发"新、奇、特"产品,虽然成本较高,但极具市场竞争力,从而大幅提高了经济效益。

三、知识拓展

乡村经济效益评价指标

(一)经济效益衡量指标

指通过具体的数量直接反映乡村占用性投入和消耗性投入同乡村产出之间的比例关系。常用指标有土地生产率、劳动生产率、资金生产率、成本、全要素生产率指标等。

(二)经济效益分析指标

指乡村经济中各种因素影响经济效益的指标,又分为经济分析指标、技术效果分析指标、生态效果分析指标。

经济分析指标是通过具体数量来反映乡村生产活动的经济状况,包括产出指标(如产量、产品质量、产值等)、投入指标(如工时消耗、资金消耗、物质消耗等)和资金占用与资源利用状况指标(如土地、劳动力利用率、农机具拥有量和各种资金占用量等)。

技术效果分析指标是通过具体数值形式反映技术方案和措施实施与应用所取得的技术中间效果和技术终极效果,如作物种的抗逆性、种子发芽率、牲畜产仔率、造林成活率等。

生态效果分析指标是以具体数值形式反映乡村生产活动对保护和改善乡村生态环境效果以及提高生态经济系统中物质变换和能量转化的程度,如森林覆盖增长率、土壤肥力和水土指标等。

(三)经济效益目的指标

指反映满足人们和社会需要的程度、经济效益增长同积累与消费之间的关系、生产目的的指标，如人均农产品占有量、人均收入水平、人均消费数，以及产量、产值、利润等计划完成率等。

四、任务思考

(1)提高我国乡村经济效益的途径有哪些？

(2)提高我国乡村经济效益的方法有哪几种？

模块二

乡村产业管理

项目三　乡村生产要素的合理组织与开发利用

项目四　乡村工业生产管理

项目五　乡村休闲旅游与服务业管理

乡村产业包括第一产业、第二产业、第三产业。结合各个产业不同种类、特点，对乡村各生产要素进行管理，使各产业朝着协调、环保、可持续的方向发展，是摆在我们面前的一个重要课题。通过本模块的学习，掌握乡村各资源的利用和保护、乡村农业生产管理及发展趋势、工业生产发展模式与规划管理、乡村休闲旅游业和乡村服务业建设与管理等主要内容，联系当地实际情况，为乡村产业协调持续发展服务。

项目三　乡村生产要素的合理组织与开发利用

【引导案例】

“二维码”火了泗阳农产品

在江苏康宏生物科技有限公司的包装车间内，员工们正忙着给杏鲍菇贴上“二维码”标识。有了“二维码”这个凭证，这些杏鲍菇销路大开，每天20吨的产量供不应求，价格上升到每千克16元，涨了20%左右。

泗阳不少农产品，如今都有了“二维码”电子身份证。在该县农产品安全检测站的帮助下，百春锦蔬菜合作社周相民种植的西瓜、白菜、辣椒、番茄都申办了“二维码”标识，家中电脑旁，放着一台智能数码型农药残留速测仪和一台“二维码”打印机。电脑与江苏省农产品质量安全追溯管理平台相连，每批次产品都要通过速测仪检测，如果是安全的，平台就会自动生成“二维码”。

眼下，他家贴有“二维码”的西瓜比市场上普通西瓜价格高出10%左右。

目前，泗阳为农产品生产大户免费配备电脑、检测仪和“二维码”打印机，实现从生产源头到产品上市前的全程质量管控。

（资料来源：http://www.shennong.com/n/1/28/135096.shtml）

案例启示：泗阳的农产品为什么贴上二维码就能致富呢？做好乡村生产要素的合理组织与开发利用，直接关系到乡村致富。

【项目目标】

完成本项目学习任务后，你应该能

1. 掌握乡村各资源的利用和保护
2. 了解乡村农业生产的内涵

3. 掌握乡村农业生产管理

4. 了解乡村农业产业化经营趋势

【项目任务描述】

本项目分为乡村资源的利用和保护与认知乡村农业生产的内涵、管理与发展趋势二个任务。通过本项目任务的操作与学习，能让学员掌握乡村各资源的利用和保护；了解乡村农业生产的内涵、农业产业化经营趋势，并掌握乡村农业生产管理技能等。通过学习，能增强学员对本项目的学习兴趣，培养学员查阅资料、观察分析、调查研究和沟通协作等能胜任岗位工作的职业素质。

任务五　乡村资源的利用和保护

一、任务准备

(一)乡村资源的概念和种类

1. 乡村资源的概念

乡村资源是指在乡村生产经营活动中所有用于生产商品或提供劳务的资源，是乡村地域范围内能够为人类所利用的乡村自然资源和社会经济资源的总和。

2. 乡村资源的种类

乡村资源按照具体内容可分为土地资源、劳动力资源、资金资源、科技资源和其他自然资源。

(二)乡村土地资源的合理利用

1. 乡村土地资源的概念与特点

乡村土地资源是指在乡村区域内的土地资源，包括陆地、水面及滩涂。它具有以下特点。

(1)它是乡村农业生产活动的基本生产资料。乡村土地不仅仅为农业生产提供空间场所，更重要的是它为农作物生长发育提供必需的光、水、肥、气、热五大生产要素，决定着农业生产的能力。

(2)乡村土地资源具有效益多样性。长期以来，人们主要是获取乡村土地的经济效益，但随着经济发展，乡村土地的景观效益、生态环境效益日益凸显，乡村土地利用的内容不断丰富。

(3)乡村土地资源的监督费用较高。乡村土地空间位置的固定性形成了乡村土地的地域分散性,乡村土地数量的有限性形成了地块的零碎性,乡村土地利用的季节性与乡村土地生产时间、劳动时间的不一致性等原因,使得乡村土地资源利用进行有效监督费用极高。

(4)乡村土地资源存在边际报酬递减规律。乡村土地经营中,一般情况下随着投入增加而报酬增大,但如果技术不变,在单位面积土地上投入物化劳动和活劳动达到一定程度后,边际报酬就会下降。

2.乡村土地资源合理利用

(1)合理规划、统筹安排。由于土地的有限性,必须对乡村土地资源进行合理规划、统筹安排,才能做到:保证农业生产用地,确保粮食生产;保护生态环境,实现可持续发展;根据经济发展进程,有计划地调整部分乡村土地,满足国家经济建设与发展需要,实现社会福利最大化。

(2)综合利用、集约经营。综合利用和集约经营都是通过提高乡村土地资源利用的密度和强度,提高单位面积的产出率。综合利用更侧重于利用生态学原理,以立体配置方式提高土地的利用率,适应性广,尤其适合于资金短缺的欠发达地区。集约经营则侧重于对一定面积的土地,通过增加资金和劳动力投入,提高单产,适应经济水平发展较高的地区。

(3)因地制宜。深入调查分析乡村土地资源的自然条件、地域特点、利用状况和潜力,做到目标明确,规划合理。

(4)利用与保护相结合。在利用乡村土地资源的同时,还要注意保护乡村土地资源,为当地经济发展可持续发展奠定基础。

(三)乡村劳动力资源的利用与保护

1.乡村劳动力资源的概念与特点

乡村劳动力资源是指乡村中具有劳动能力的那部分人口。它通常包括劳动力资源的数量和质量两方面。它具有以下特点:

(1)数量大,整体素质不高。我国乡村地域广阔,人口众多,但由于我国乡村经济基础薄弱,当前乡村劳动力总体素质不高。长期以来,我国乡村教育事业发展缓慢,教育质量差,大部分农民受教育的时间短,直接影响到乡村劳动力的素质。

(2)受教育程度差别大。我国东部地区,特别是发达地区乡村劳动力受教育的程度明显高于中西部,特别是高于西部经济经济不发达地区。

(3)相对过剩。我国乡村资源相对匮乏,但人口数量庞大,随着农业新技术的推广与应用,以及农业生产力水平不断提高,乡村对劳动力的需求量还在不断减少，乡村的富余劳动力将越来越多。

(4)“老龄化”普遍。由于我国农产品价格低廉，从事农业生产较为辛苦且收入较低，而且乡村地区在社会保险、生活条件等方面与城镇有着较大差距，所以乡村地区的青壮年大部分通过上学、外出务工等方式离开乡村，只留下老人和儿童留守。

2. 乡村劳动力资源的合理利用

(1)加强面向乡村的职业教育，提高乡村劳动力素质。针对乡村劳动力资源数量大，素质低的特点，由政府部门从上到下，对乡村农民进行不同行业、不同工种、不同岗位的基本技能、技术操作规程进行培训，有效提高乡村劳动力资源的就业技能和素质，我国近几年进行的农村劳动力转移阳光工程培训、新型职业农民培训等，还包括像河北、山东等省“送教下乡”等，都是乡村职业教育这方面的积极探索。2014 年，国家又提出新型职业农民培育工程，对有一定文化基础的专业大户、家庭农场经营者、农民合作社负责人、农村经纪人、农业企业经营管理人员、农业社会化服务人员和农村基层干部进行培养，发挥他们的带头作用，先富带动后进，从整体上改善“三农”问题。

(2)大力发展乡村工业化和农业产业化。大力发展乡村工业，会带动乡村劳动力资源的聚集，实现乡村剩余劳动力就地或就近就业，还能加快小城镇建设；我国农产品加工转化增值空间非常广阔，潜力很大，加快农业产业化进程，增长农产品产业链条，必将扩大乡村剩余劳动力的就业。

(3)鼓励民工回乡创业。外出务工人员通过一段时期务工过程不仅进行了资金积累，而且更重要的是他们转变了观念，学到了致富途径。他们是乡村先进生产力的代表，动员他们回乡创业，可以带动当地其他劳动力的就业。

(4)积极引进城市资源进乡村。改变长期以来城乡二元经济格局，将城市过剩的资金和技术引进乡村，促进乡村经济结构调整。这样，一方面促进乡村劳动力资源就业，另一方面企业的劳动力成本可进一步降低。

(四)乡村资金资源的筹集与利用

1. 乡村资金资源的概念

乡村资金是指乡村集体资金，是以货币形式表现的，以土地集体所有制为基础的乡村集体内部广大农民群众集体所有的，处于生产和流通过程中不断运动并能增值的各种财产、物资及货币的总和。

2. 乡村资金筹集渠道

(1)自由资金。即乡村集体内部形成的资金，如公积金和未分配利润。

(2)“一事一议”资金。即乡村集体为兴办村民直接受益的集体公益事业，按照有关规定所确定的由村民拿出的资金。

(3)国家财政资金。即国家对乡村的直接投资或税前还贷、减免各种税款所形成的资金。

(4)银行信贷资金。即银行对乡村集体发放的各种贷款。

(5)非银行金融资金。即保险公司、证券公司、信托投资公司、租赁公司等提供的各种金融服务。

(6)企业资金。即企业投资和商业信用形成的债权、债务资金。

(7)个人借款。即向民间个人借用的资金。

(8)外商资金。即国外或境外企业或个人通过独立投资或合作投资、合作经营所投入的资金。

3.乡村资金筹集方法

(1)借款。通过规定的程序,乡村集体向金融机构或其他借款人签订借款合同取得资金。

(2)“一事一议”资金筹集。按照“一事一议”资金议事程序,确定筹资方案后,报乡经营管理部门审核、乡人民政府审批通过并到县级经管部门备案后取得资金并专款专用。

(3)吸收外来投资。按照资金需求,通过乡村集体以外的企业或个人进行独立投资、合作投资或合作经营投资。

4.乡村资金的合理利用原则

(1)依法理财。乡村经济组织必须以有关的财务制度为依据,根据生产经营特点合理组织资金,建立健全资金与财务管理制度,做到合理有效地使用资金,正确计算经营成果,如实反映财务状况,依法计算缴纳税金,按照规定顺序和要求分配利润,保证投资者权益。

(2)成本-效益。在资金利用上,注重投入和产出的比较,以尽可能少的资金创造出尽可能多的财富。

(3)风险-收益平衡。在资金利用上,不能只顾收益最大而不顾风险,应该在风险与收益的比较中做出正确而谨慎的抉择,趋利避害,确保资金目标的实现。

(五)乡村科技资源利用

1.乡村科技的概念和特点

乡村科技是指作为乡村生产要素的科学技术,是乡村生产经营活动中科学和技术的总称。它具有以下特点。

(1)科技人员匮乏。我国乡村科技人员除了从事上级指令性计划安排的农业技术推广项目以外,工作在乡村生产以下的非常稀少。

(2)科技创新比较薄弱。就乡村的主体产业——农业来说,存在以下不足:一是农作物品种和新技术更新较慢;二是新品种、新技术缺乏明显优势,三是新品种、新技术覆盖面狭窄且严重滞后。乡村的其他产业科技创新更为薄弱,生产设备和手段落后,产品技术含量低,企业缺乏后劲。

(3)科技推广应用难度较大。我国乡村的劳动者素质偏低,吸纳先进技术的能力也较差,因而作为生产要素的科技在乡村经济发展中推广应用十分困难。

(4)科技投入不足。每个科技项目的实施、推广,都需要大量人、财、物的投入,这些投入靠农民或乡村集体承担比较困难,应有各级政府加大投入力度。目前政府财政资金用于乡村科技的投入明显不足。

2.乡村科技资源合理利用

(1)发挥科技人员引领作用。充分利用我国乡村科技人员,在乡村各产业中特别是第一产业中发挥作用,达到先富带动后进的局面。

(2)加大科技创新力度。各级政府要加大对乡村科技创新的投入力度,从项目选择、技术开发、试验示范和推广普及等整个过程中进行扶持推动。

(3)多方位推广新科技。种植业在育种、栽培、耕作、土肥、植保、灌溉设施及农业机械化等环节推广新科技;林业在造林、育林、护林、森林采伐与更新、木村采集与加工等环节推广新技术;畜牧业在育种、繁殖、饲喂、防疫和兽医等环节推广新技术。水产养殖业在育种、繁殖、饲喂、防疫及水资源保护和利用等方面推广新技术;乡村工业在产品创新、设备工具创新、生产工艺操作、能源原材料、改善生产环境等方面推广新技术;乡村第三产业在模式、类型、特色等方面推广新科技。

(六)乡村其他资源利用与保护

1.乡村其他自然资源的概念与内涵

乡村其他自然资源是指除前面所讲乡村土地资源外,地处乡村能够被人类利用的自然物质。它主要包括:由光照、温度、降水等因素组成的气候资源;由降水、地表水、地下水构成的水资源;由各种动物、植物和微生物构成的生物资源;由各种可开采矿物组成的矿产资源;由自然景观、人文景观组成的旅游资源及乡村能源等。

2.乡村其他自然资源的特点

从保护和利用的角度来看,乡村其他自然资源具有以下特点。

(1)整体性。在资源与资源、资源与环境之间存在着相互联系、相互制约的关系,其中一个因素变化将引起其他因素的相应变化。我们在利用时必须全面考虑,统筹安排。

(2)地域性。每一个地区的自然资源都有自己的特色,具有不同的种类和分布。我们在利用时要因地制宜、发挥优势,不能违反客观规律。

(3)可更新性。部分资源具有自我更新的特点,但要有一定条件。如生物繁衍需要一定群体的条件。我们要合理利用,保持良性循环。

(4)不可逆性。部分自然资源会在人类的利用中逐渐消亡。如矿物资源用多少就少多少,生物灭绝后就不会再次出现。我们应该珍惜节用,保护培育,不可挥霍浪费。

(5)潜力无限性。每一个地区资源的潜力都是无限的,随着人类科技进步和利用能力的提高,资源的经济能力会不断得到提升。如材料的重复使用、节能等。我们要重视挖掘潜力,使资源在生产和生活中发挥更大作用。

3.乡村其他自然资源的利用和保护

(1)气候资源的利用和保护。气候资源人类目前还难以进行有效控制,但气候变化有规律可循。

①因地制宜。全面深入掌握本地区的气候情况,利用其中的优势条件,选定最适合的生产项目和品种,提高本地区的经济效益。

②预防灾害。针对各种可能出现的灾害天气进行预防,把可能出现的损失降到最低。

③顺应规律。按照当地气候条件发展生产,也可能带来更好的经济效益。如甘肃省灵台县气候湿润,降雨充沛,非常利于野生酸枣的生长。过去,农民们为如何挖绝酸枣树头疼,后来转变观念,全县发展酸枣嫁接大枣,这样不但减少了投入,而且增加了产出,还取得了良好的生态效益。

(2)水资源的利用和保护。

①进行水资源污染防治,实现水资源综合利用。水体污染包括地表水污染和地下水污染两部分,我们必须坚决执行水污染防治的监督管理制度,对乡村企业用水和生活用水以及排水的监督,促进污水治理工作开展,最终实现水资源综合利用。

②调水工程。由于地理、气候特点,地区间水的分配并不平衡。利用自然因素及人工改造,把丰水区的水调至缺水区,是解决水源不足,开辟新的经济区的有效手段。

③大力发展绿化,增加森林面积涵养水源。森林有涵养水源、减少无效蒸发及调节小气候的作用,具有节流意义。林区和林区边缘有可能增加降水量,具有开源意义。

④提高水资源的综合利用,水在同一空间是有综合利用的特点。水库可以蓄洪,也可以养殖水生动植物,大的水面可以通航,有些水体还可开辟旅游。水力发电用过的水,可以用于灌溉。渠系和田间渗漏的水,可以地下抽出利用,从地下抽出的水,还可以灌区下游重复抽出,重复利用。

(3)生物资源的利用和保护。

①掌握生物资源现状与变化。在摸清本地区生物资源的家底基础上,对生物

资源变化也要有一定的认识，它们增减变化如何，增减的原因是什么，这些都是利用和保护生物资源的基础。

②发现生物资源的变异。个别生物的突变，有的具有重大的经济价值，利用这些突变能够明显提高乡村的经济收入。

③积极引进新资源。引进新品种、新作物是乡村发展中增产增收的重要手段之一。在特色养殖、特色种植方面，不但乡村集体经济组织，而且农户家庭都有能力引进新的生物品种，取得一定的经济效益。

④防止外来物种侵害。在引进外来物种收益的同时，部分外来物种的不适当引进也会带来巨大的生态灾难。所以在引进新的生物资源时，要进行严格论证，严格控制，不要让外来物种造成对当地生态环境的危害。

⑤利用新技术挖掘生物资源潜力。利用生物技术挖掘生产潜力是我国不少乡村致富的重要途径之一。

(4)乡村旅游资源的利用和保护。乡村旅游资源包括自然景观资源、综合景观资源和农业旅游资源。在利用乡村旅游资源时要注意它的长期可持续利用，注意以旅游带动其他产业的发展。

①在发展旅游中保护资源。在开发资源时，一定要注意对环境、文物、生态的保护，同时采取一些措施或限制方法，有限度地利用旅游资源，使其可持续利用。

②挖掘淡季资源。充分利用乡村旅游资源既要抓住旺季，又要开发淡季，通过开发新项目、降低价格等措施，让部分资源在淡季得到利用。

③处理好独立开发与合作开发的关系。对于开发资金需求不多、乡村有能力开发的旅游资源，宜于独立开发；对于投入资金较大，开发管理难度大的旅游资源，可以考虑在有利于当地发展的条件下，吸收外来投资进行合作开发。

二、学习任务设计与实施

【学习任务设计】

见图 3-1。

【学习任务实施】

(1)安排学员课前通过图书馆、资料室、网络、实地调查等途径查找乡村资源概念、种类，各类资源的特点、利用保护措施的有关资料。

(2)通过集中学习乡村土地资源特点内容，组织学员分组讨论如何合理利用乡村土地资源，每组集体写一份学习收获。

(3)根据乡村劳动力资源的特点，组织学员分组讨论，结合自己所处乡村劳动

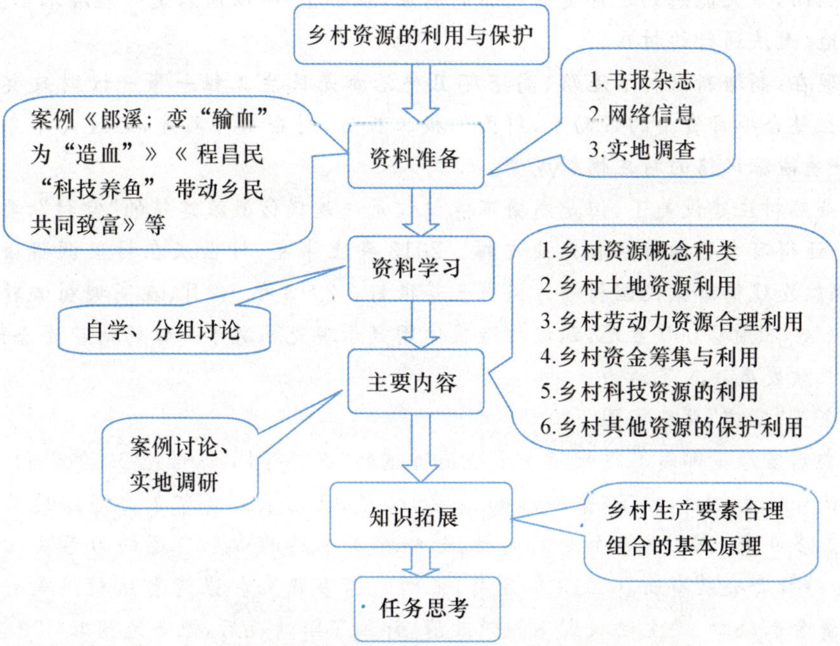

图 3-1 乡村资源的利用与保护学习任务完成流程

力现状，撰写如何合理利用劳动力资源的学习收获。

(4)根据所给案例 1 进行讨论，找出适合自己所在乡村的资金筹集渠道和取得方法。

(5)根据所给案例 2 进行讨论，找出适合自己所在乡村合理利用科技资源致富的途径。

(6)根据所给案例 3、4，开展讨论，学员联系所在乡村实际情况，运用本任务所学知识，找出适合自己所在乡村合理利用其他自然资源致富的途径。

(7)指导学员学习知识拓展内容，了解乡村生产要素合理利用的基本原理，并布置任务思考题。

【典型案例 1】

郎溪：变“输血”为“造血”

郎溪梅渚镇梅花生态园位于该镇美好乡村建设点高塘村内，恬静怡人的梅园风光与黛瓦白墙的徽派村庄交相辉映，置身其中，仿若走进一幅朦胧的水墨山水画。然而,谁又能想到这样美丽优雅的村庄,在2012年以前只是一座灌木丛生、垃圾遍地、无法通行的村庄。

现在,高塘新农村水泥路、高塘环卫整治都是民生工程一事一议财政奖补项目。在整合项目资金的带动下,村民们投工投劳,村企结对共建,经过大半年的建设,一座徽派风格的村庄悄然成型。

虽然村庄建设美了,但是高塘不能仅仅是一座模仿徽派建筑的"空村",要长效发展,还得有自己的特色和产业支撑。2013年上半年,钟世庆在村里调研塘坝扩挖,偶然发现梅渚镇桃园村一片树木长势很好。2013年10月,在高塘村流转土地580余亩,投资5 000万元,积极打造集休闲娱乐观光旅游于一体的梅花生态园,为高塘长效发展注入了活力。

企业"反哺"共建家园

袁启宏原是郎溪县飞鲤镇一个地地道道的"泥腿子",20世纪90年代初,他就到淮南等地去打拼,挖了"第一桶金"。2003年,袁启宏到合肥创办了房地产开发公司。多年来,他在发展企业的同时,始终怀着感恩的心尽自己的力量去回报社会,支持社会公益事业。2013年3月,他听说家乡振兴村张湾自然村搞美好乡村建设资金有缺口,便主动找到飞鲤镇政府,详细了解情况后,慷慨地捐助500万元。

如今的村庄,远望轮廓鲜明美轮美奂,近看碧波荡漾心旌摇曳,无论是球场上的同场竞技,健身场上翩翩起舞,还是田地间的挥洒汗水,都无处不在诉说着美好乡村的宜人景致。

向"经营美好乡村"转型升级

这个县确定由县财政部门牵头,建立资金整合小组,充分研究中心村建设等详细规划的资金需求,在源头上整合资金。2013年县财政安排专项资金2 000万元投入美好乡村建设,县、乡两级财政将农村清洁工程各按年均每人15元标准纳入预算,整合资金1亿元。在此基础上,郎溪县大力宣传发动全社会关注支持农村建设,鼓励引导企业、社会能人通过投资、捐助、认购、认建等多种方式参与美好乡村建设。县直部门"一对一"联系帮扶仅2012年就落实帮扶资金500余万元;组建县新农村建设投资发展公司,努力形成投融资的新途径。该县十字镇有效利用市场资本280万元建设方铺中心村幼儿园,在规划建设的全过程,大力减免、降低各种费用,在招投标、材料实验及工程监理等环节,实行减免或降低收费的方式,支持美好乡村的建设。

(资料来源:http://www.ah.gov.cn/UserData/DocHtml/1/2014/7/8/8530820547685.html)

案例启示：郎溪县利用各种资金渠道筹集资金建成美好乡村，很多经验值得我们借鉴学习。

【典型案例2】

程昌民"科技养鱼"带动乡民共同致富

在湖北黄冈市浠水县清泉镇花凉亭村，提起程昌民，乡邻们无不称赞，钻研科学技术，发展水产养殖业，带领村民养鱼致富，被村民称为"养鱼状元"。

花凉亭村是一个田少水资源丰富的城郊村。全村人均耕地不足一亩，而养殖水面人均达到1.1亩。前几年，村里的水面分散承包给村民，养鱼是"人放天养"，养鱼收入抵不了年初的投资。该村56岁的渔农程昌民看在眼里，急在心中，村民们守着这么好的水面，过着穷日子，他于是产生一个念头，我要闯出一条科技养鱼的致富路子，带着乡亲们共同致富。

2011年他承包了村里80亩水面，立志要在这片水面上实现自己科技致富梦，带领乡亲们闯出一条科技养鱼致富路。程昌民首先想到的是如何打破单位面积产量和适时投放饵料，搞立体种养这个瓶颈。他订阅《湖北科技报》《农村新报》《中国水产》《农家顾问》等报刊。白天，他到县里找水产专家学习科技理论，晚上伏在灯下看书看报到深夜。他还与华中农大水产养殖的专家教授建立联系，关键时刻请他们到鱼池边现场辅导，使他很快掌握了鱼在不同水层生长习性和不同饵食的生活习性，在鱼池里套养青鱼、草鱼、花鲢、鲤鱼走立体养殖之路。

成功最青睐那些刻苦钻研的有心人，他的立体养殖获得了成功。当年，养鱼收入达10万多元，他将自己摸索出的技术迅速在全村推广。他还研究出优化饵料结构，实行生物菌肥——"满水活"，这种肥料能有效分解水体养分和饵料养分，促进各种鱼类生长。通过两项技术的应用，效益大增，产量翻番。2013年，他的80亩水面纯收入过20万元。

在程昌民的带动下，周边100多户农民搞起水产养殖，承包连片水面达400多亩，村民年均每户可增收两万多元。如今水产业已经成为花凉亭村的主业，农民经济增收的主渠道。

（资料来源：http://www.nongcun5.com/news/20150204/33378.html）

案例启示：程昌民利用科技并请教有关专家，获得了渔业养殖成功，是合理利用乡村科技资源致富的榜样。

【典型案例3】

因地制宜,针对气候特点利用生物资源特性农民增收

宁夏中卫地区年降水量不到200毫米,蒸发量却有2 000毫米,绝大多数农作物在这种气候条件下不能生长。2002年,农民在科技人员的帮助下,摸索出种西瓜的新方法。他们借助得天独厚的光热资源,种植硒砂瓜。农民年收入很快从种植粮食时的1 000元左右提升到万元左右,取得了显著的经济效益。

(资料来源:http://www.xyshjj.cn/bz/xyjj/bb/200806/25088.html)

【典型案例4】

发现生物突变,农村走上致富路

湖南省洞口县位于深山区,当地有种金银花的传统,但由于金银花采摘时间短,村民收入并不高。2003年,人们在县内的山中偶然发现一株野生金银花,花束特大,形同雨伞,既多又香,见不着叶子。他们将这株金银花枝条剪下嫁接在人工栽培的普通藤木金银花枝上,形成的新种金银花一束花蕾多达30~70朵,连续下雨10天也无落花烂花现象,花蕾25天都没放开,特别有利于采摘。利用此株嫁接,提高了全县农村金银花的产品质量,农民收入也明显提升。

(资料来源:http://www.bast.net.cn/kjrw/zfns/178129.shtml)

三、知识拓展

乡村生产要素合理组合的基本原理

(一)乡村生产要素的概念

乡村生产要素是指在乡村生产经营活动中所有用于生产商品或提供劳务的资源,是乡村地域范围内能够为人类所利用的乡村自然资源和社会经济资源的总和。

(二)乡村生产要素种类和特点

1.乡村生产要素的种类

乡村生产要素按照具体内容可分为土地、劳动力、资金、科技与信息、其他自然资源五类。劳动力即乡村中的自然人,是能动的生产要素;土地和其他自然资源属

于乡村的生产资料,是各种生产要素组合的基础;资金包括实物和货币;科技与信息属于生产要素中的无形形态要素。

2. 乡村生产要素的特点

乡村生产要素特点有以下几方面:一是有限性,如土地、水、能源、资金、人才、技术等都是有限的;二是互竞性,即乡村中不同生产项目或部门同时争夺某种生产要素;三是互补性,即乡村各部门对一些生产要素的利用是互相配合、互相利用、互相帮助的关系;四是替代性,即在生产中对生产要素的要求可以用功能相似的另一种生产要素来代替。

(三)乡村生产要素合理组合的基本原则和措施

基于乡村生产要素的特点,在生产活动中就要对生产要素合理组合,使有限的资源发挥更大的作用。

1. 乡村生产要素合理组合的原则

(1)满足市场需求原则。根据市场需求,各生产要素进行合理投入才能适应市场需要,反之则会浪费生产要素的投入。

(2)节约资源,讲求效益原则。乡村资源的有限性决定了进行生产时要节约资源,提高投入产出效益。

(3)保护资源和环境,可持续发展原则。在乡村资源要素中,一些物理性质、化学性质、生物性质的要素,如果违反它们的特殊要求进行组合,就会破坏环境,使它们的数量减少、品质下降,影响可持续发展。

(4)因地制宜,流动开放原则。在市场经济条件下,引进和输出必要的生产要素,使各生产要素处于高度的互补互助状态,更有利于实现乡村生产要素的合理组合。

2. 乡村生产要素合理组合的措施

(1)引进生产要素。就是从外界引入某些生产要素,做到生产要素的合理组合。主要包括引进先进管理人才、科学技术、资金、生产资料等。

(2)输出生产要素。就是生产者将自己的生产要素输出,盘活闲置的生产要素,提高经济效益。主要包括输出劳务、管理和技术、生产资料等。

(3)激活生产要素。就是通过建立新的机制,使原来处于闲置的生产要素活跃起来,创造价值,产生效益。主要包括加强生产经营管理、置换生产要素、资产重组等。

【典型案例】

山沟里创办新型农业公司

德化县春美乡古春村地处偏远,却空气清新,环境优美。苏进全生长于此,幼年时，为了让孩子们的身体有足够营养，母亲常常摸黑去深山里面的“打石坑”捉棘胸蛙。棘胸蛙的别名“石蛙”，在闽南流传着这样的说法：小孩子学走路吃石蛙，隔天就能走会跳。那碗蛙汤，是苏进全记忆里的第一美味。

长大后，苏进全出外打工，在他心中一直有个梦想—带领村里的乡亲们致富，因此他经常注意收集市场信息，寻找创业项目。他了解到，很多地方由于棘胸蛙价值不菲而招致大量捕杀，加上农药化肥的滥用，到如今，野生棘胸蛙已难觅踪迹。“如果能成功繁育棘胸蛙，这不就成了一个很好的致富项目了？”

说干就干，2007 年，他回到古春村创办了德化县双全农业有限公司，选址于“打石坑”驯养繁殖棘胸蛙。然而，棘胸蛙人工养殖存在着极大的技术难度，对于一个毫无养殖经验的农民来说，更是难上加难。

苏进全卖掉城关的房子，带着自己的养殖记录来到福建农林大学生命科学学院和福建师范大学生命科学学院求助。项目引起了专家们的重视，他们专程来到“打石坑”考察，并利用专业知识再次进行养殖试验。

专家的加盟使得棘胸蛙养殖有了成效，棘胸蛙不仅在成功的仿天然养殖池中活了下来，而且实现了繁殖和孵化。2010 年，苏进全与这两所大学正式签订合作研究棘胸蛙生态繁殖技术协议，该合作项目也成为福建省科技特派员行动计划项目之一。

解决了棘胸蛙的生活与繁殖问题，苏进全开始着力解决棘胸蛙的饲养。他在德化县南埕、龙门滩两地配套建设了两个农场，种植了各类蔬菜作为饲料，用来喂养黄粉虫、大麦虫等各种棘胸蛙饵料虫蛆，人为地创造了天然的棘胸蛙食物链。

如今，苏进全的养殖场已取得了棘胸蛙驯养繁殖许可证和销售许可证，并掌握了包括棘胸蛙人工养殖、孵化、繁殖、病疫防控、仿生态养殖、饵料（活体虫）培育，以及养殖管理等一系列技术成果。为此，他还申请了专利，成为我市乃至我省养殖棘胸蛙的“第一人”。

（资料来源：http://www.shennong.com/n/1/28/135198.shtml）

案例启示：苏进全成功致富一方面是靠他百折不挠的坚强意志，另一方面是他引进先进科技与管理人才等生产要素，做到了生产要素的合理组合。

四、任务思考

（1）乡村资源根据具体内容分为哪几类？

（2）如何合理利用乡村土地资源？

任务六 认知农业生产的内涵、管理与发展趋势

一、任务准备

（一）农业生产的内涵

农业生产是指产品直接取自自然界的部门和行业，主要包括种植业、林业、畜牧业和渔业经营生产。

1. 种植业

种植业是人们利用植物有机体的生理机能，通过人工栽培或有目的的劳动干预以取得各种农产品的一个物质生产部门。它主要包括粮食作物、经济作物、饲料作物以及蔬菜、花卉等园艺作物的栽培。

图 3-2 种植业

2. 林业

林业，为狭义上的林业。指以培育林木为主要目的的营林生产过程，包括造林和营林两项内容。具有与种植业相同的性质，属于大农业的范畴。

3. 畜牧业

畜牧业是以饲养家畜和家禽产品为目的的物质生产部门，是农业经济的重要组成部分，是国民经济的重要生产部门之一。

图 3-3 林业

4.渔业

渔业，是指人类以特定条件下的水域为基地，利用动植物的物质转换规律，进行水生动植物(水产品)生产的部门。它的生产对象包括鱼、虾、贝、藻等，因而称之为水产业。渔业生产按水域可分为海洋渔业和淡水渔业；按捕捞方式可分为捕捞渔业和养殖渔业；按劳动对象和生产过程的特点可分为基础渔业和加工性渔业。

图 3-4 畜牧业

图 3-5 渔业

(二)农业生产的特点

从事农业生产经营，开展符合客观规律要求的生产经营及其管理活动，取得预期效益，首先要了解农业生产经营的特点。

1.种植业生产特点

(1)种植业生产是以土地为基础。土地是种植业生产不可代替的重要生产资料。在种植业生产中土地不但是劳动场所，而且是农作物生长的基地。

(2)种植业生产的对象是有生命的植物。植物生长发育对自然环境有较强的依赖性，植物有机体要求一定的光热水土气等自然环境条件，只有满足这些条件，作物才能生长的好，才能高产。

(3)种植业生产有较强的季节性。种植业生产农闲不均，农忙时很多农活不能及时做完，农闲时农活很少，劳动力、农机具无活可做。

(4)种植业生产有较长的周期性。种植业生产周期较长，一般短则半年，长则1～2年，有的甚至更长。生产周期长必然引起资金周转慢，收益见效不快。

(5)种植业生产有明显的地域性。由于自然环境条件各地区分布的差异性和每种农作物对自然环境要求的特定性，客观产生了农业生产布局上的地域性。如东北的大豆，新疆的棉花，河南的小麦，山西的谷子，江南的水稻等。

2.林业生产特点

(1)森林是可再生性资源，可以永久为人们所利用。森林资源只要合理利用和保护，不仅能取得巨大的经济效益、生态效益和社会效益，而且还能不断促进森林资源的再生繁衍和永久利用，反之，若利用与保护不当，则会造成森林资源的破坏与衰败，甚至枯竭、死亡。

(2)林业生产周期长，资金周转缓慢。发展林业，从采种、育苗、栽植、管护到成林采伐、加工利用，一般要十几年、几十年。因此，发展林业生产应在林种选择上，要注意长短结合，以短养长。

(3)林业生产商品性较强。有较高的经济效益，应加强经济核算与管理。

(4)林业生产具有综合效益。即经济效益、生态效益和社会效益。

3.牧业生产特点

(1)畜牧业生产以植物产品为养料将植物能转化为畜产品，称为第二性生产。发展畜牧业必须首先要搞好种植业生产，建立巩固的饲料基地，在此基础上积极研究科学的饲料配方和饲养方法，以提高饲料的利用率与转化率，降低饲料成本，实现畜牧业的稳产、高产、低成本和高效益。

(2)畜牧业生产的劳动对象是有生命的动物畜牧业再生产过程。是经济再生产与自然再生产过程交织在一起的，各种畜牧业商品都是畜禽生长发育到一定阶段的产物。

(3)畜禽产品既是生产资料又是消费资料。二者可以相互转化，人们通过饲养畜禽，一方面是为了获得生活资料，满足人们的消费需要；另一方面是为了获得生产资料，满足生产上的需要。

(4)畜牧业生产具有周期性和时间性。畜牧业生产的具有明显的周期性，而且不同种类的牲畜生产的周期不同，如鸡半年、猪一年，羊两年，牛三年，马四年等。畜牧业生产还具有间歇性，如奶牛有干乳期、蛋鸡有休产期、母畜发情、怀孕、产仔具有间歇性。

(5)畜牧业生产易受自然因素的影响。畜禽是活的有机体,对自然环境条件有一定的要求,自然环境条件适合畜禽生长发育、繁殖和生产产品的要求,其生产率就高,反之生产率就低,甚至会丧失生产能力。

4.渔业生产特点

(1)特定面积和规格的水域是渔业生产的基本生产资料。水域是鱼类生存繁衍的基地。水生动植物只有在水域内,才能进行物质能量交换。但适于水生动植物生长发育的水域有特定的限制条件,对水的深度、温度和各种营养元素的含量等都有一定的要求范围。

(2)水产品具有鲜活性。水产品都是有生命的动植物,是含水量很高的鲜活性商品。这就决定了对水产品的捕捞、运输和加工要十分注意保生、保鲜,以保证其的质量。

(3)渔业生产具有季节性。由于自然气候的季节性,使水产品的生产规律也存在着季节性。这就需要加强对水产品的加工、贮存和注意水产品的品种结构,以使水域得到均衡利用和水产品能均衡供应。

(4)渔业生产具有水域的第一性生产与陆地深度加工的第二性生产交织的特点。一般来讲,在渔业生产中水产品的养殖、捕捞或收获阶段称之为第一性生产,而对水产品的加工、贮藏保鲜阶段称之为第二性生产。因此,在发展渔业生产的同时,应大力发展水产品的加工业和贮藏设施建设,提高水产品质量,满足市场供应。

(5)水域利用的共享性是渔业生产的另一特点。这一特点要求渔业生产要统一协调,使水域的共享性和资源的再生义务结合起来。收益越多,承担的保护资源再生能力的义务也越多。渔场要制定统一规章,确定禁渔期、禁渔区和幼鱼比重,切实保护鱼类资源的再生能力,尊重水域共享特点。

(三)农业生产管理

现阶段我国乡村农业生产管理,具有以下几个方面的特点。

1.既尊重自然规律又尊重经济规律

由于农业具有自然再生产与经济再生产相交织的特点,即发展农业既要考虑农业中动植物的生长、发育及繁衍条件,又要投入与产出合理,能产生预期的经济效益,因此,对乡村农业生产管理,就要既尊重农业生产的自然规律,按照农事季节的客观要求办事;又要尊重农业产业发展的经济规律,按照其生产、交换、分配和消费的客观需要处理问题。

2.以农户家庭承包经营为基础

由于我国乡村对农业的生产经营采取的是以家庭承包经营为基础的统分结合的双层经营体制,而且对基本的生产资料—土地实行经营承包期长期不变的政策。

因此，对农业生产管理，要从家庭承包经营这一基础出发，调动农户发展生产的积极性，发挥集体经济组织的服务功能，促进乡村农业的发展。

3. 以市场为导向

随着我国社会主义市场经济体制的日趋完善，市场需求将是一切产品的晴雨表，农产品也不例外。因此，对乡村农业生产管理，一定要坚持市场导向的原则，根据各种农产品的市场需求和价格变化，调整农业产业的内部结构，组织农业生产要素，开展农业生产，以生产出适销对路的农产品，并通过参与市场竞争获得发展上的主动权。

4. 重视生态环境保护

农业担负着维护和改善人类生活质量和生存环境的使命。因此，对乡村农业生产管理，要有助于生态环境的改善。在发展农业的过程中要维护生态平衡，形成良好的循环系统；要严格控制化肥农药用量，既减少资源污染，又保障农产品质量安全；要注重农业废弃物的循环利用，减少农业废弃物对环境的污染。

根据以上特点，我国乡村农业生产管理的重点主要有以下几个方面。

(1)完善统分结合的双层经营体制。统分结合的双层经营体制要求土地使用权与所有权相分离。为了调动农户珍惜土地、增加投入和发展农业生产积极性，必须使农户具有长期的土地使用权和稳定的收益权；为了切实保障农户的土地使用权和收益权，必须壮大乡村集体经济，使乡村合作经济组织具有统一的土地所有权和固定的剩余索取权(统筹权)。

(2)制定农业生产发展规划。制定乡村农业生产规划，要从实际出发，立足市场需求，发挥自身优势，着眼长远发展，壮大集体经济，增加农民收入，实现多赢目标；制定乡村农业生产规划，要充分发扬民主，虚心倾听农户特别是种养大户的意见和建议，使所形成的发展目标和所采取的措施能够切实可行。

(3)组织引导农业生产内部结构调整。对乡村农业生产内部结构调整，要以市场为导向，在市场预测的基础上，做出结构调整具体决策；要对农户进行组织和引导，不搞“一刀切”，让农户根据自身实际自主做出选择，并确定种什么、种多少，养什么、养多少。

(4)积极推进农业产业化经营。农业产业化经营是乡村农业生产的延长产业链，是实现产业融合的一种经营模式。要积极培育龙头企业，形成“龙头企业＋农户”、“龙头企业＋农民专业合作经济组织＋农户”、“龙头企业＋农村社区合作经济组织＋农户”等产业化组织体系，引导农户按照规模化、专业化、标准化、集约化的要求，联合起来建设农产品生产基地，以满足农产品加工龙头企业对农产品的需求。

(5)大力提高农业社会化服务水平。随着农业的发展和市场需求的扩大,要加快发展农资服务、农机服务、水利灌溉服务、植保服务、畜牧防疫与兽医服务、金融服务等农业社会化服务,特别是要着力将农资连锁经营(配送)服务与技术配套服务相结合,建立村级科技服务站,切实解决农业技术推广“最后一千米”问题。

(四)我国农业生产的发展趋势

现阶段,我国农业生产发展呈现以下趋势。

1.大力发展新型农业经营主体

新型农业经营主体掌握集中连片的土地、大型农机具、资金等现代农业生产要素,具有经营头脑和市场意识,是发展现代农业的主力军和引领者。各地应因地制宜,积极发展新型农业经营主体。一方面国家应建立健全相关政策,为新型农业经营主体的发展提供服务;另一方面,国家给予财政支持,允许新型农业经营主体承担部分财政项目,对新型农业经营主体加大财政补助力度;另外,国家应给予新型农业经营主体金融支持,即贷款、贴息贷款等支持。

2.大力发展精细农业

由于土地、水、能源等自然资源日益匮乏,为了经济地利用各种有限资源,只能采取四大密集,即技术密集、劳力密集、资金密集和生态密集的手段。

3.大力发展信息农业

信息农业包括农业信息化和农业信息产业化。

农业信息化是社会信息化的一部分。它不仅包括计算机技术,还应包括微电子技术、通信技术、光电技术、遥感技术等多项技术在农业上普遍而系统应用的过程,又是传统农业发展到现代农业进而向信息农业演进的过程,表现为农业工具以手工操作或半机械化操作为基础到以知识技术和信息控制装备为基础的转变过程。

农业信息产业化,就是将农业信息的采集、加工、传递、反馈、服务等形成一个一体化的、以信息咨询为主的知识密集型产业,它是农村社会化服务中新兴的独立的第三产业,是农村社会、经济发展的必然趋势。

4.大力发展新型业态农业

(1)籽种农业。是指在大农业范围内,以自身的区域、技术和品种优势,生产和销售籽种的农林牧渔生产部门。从现代农业产前、产中、产后的产业化链条来分析,籽种对农业产业增长贡献率高达30%~40%,在现代农业中发挥着首要的引领与基础性作用。

(2)精品农业。是指能够生产出名、特、优、新、稀产品的农业。近年来,我国各地乡村采取了多种手段发展精品农业,引进、选育市场稀缺的名优特新品种;采用精良的栽培、饲养技术，生产优质产品；实施反季节种植，淡季上市，由大路货变成精品；通过筛选、分级、包装、加工、储存等，使产品变精品等，精品农业内涵越来越丰富。

(3)绿色农业。是指运用先进的科学技术、工业装备和管理理念，以促进农产品安全、生态安全、资源安全和提高农业综合经济效益的协调统一为目标，以倡导农产品标准化为手段，推动人类社会和经济全面、协调、可持续发展的农业发展模式。

(4)白色农业。是指以微生物资源产业化为目标的工业型新农业，包括高科技生物工程的发酵工程和酶工程。白色农业生产环境高度洁净，生产过程不存在污染，产品安全、无毒副作用，科技含量较高，经济效益显著。目前，白色农业已形成微生物饲养、微生物肥料、微生物食品、微生物农药和微生物环境保护剂六大产业。

(5)蓝色农业。是指在海洋水体中开展的水产农牧化活动，是在原有传统海洋渔业的基础上，利用新的科学技术手段，充分合理地开发海洋生物链各环节资源，并实现可持续利用的新型产业。

5.大力推进农业市场化

实现农业与乡村经济发展的市场化，是当代中国农业发展的大趋势。农业发展的市场化，其一是要依据市场的需要调整农业产业结构及其产量。合理调整农业、林业、牧业和渔业在农业发展中所占的比重，改变由于产业结构不合理所造成的农产品总量短缺，部分产品不足，部分过剩，而优质产品不足的现状。其二，在农业生产、流通、分配、消费等农村社会再生产的各个环节中，农工商一体化、产销一条龙的农业产业化是发展趋势。

6.从分散经营向规模化方向发展

农业的规模化生产是在成片集中的土地上采用先进的农业生产技术，运用高效的农业机械进行耕作。它不仅可以提高农业的劳动生产率，在一定的生产投入的前提下，降低单位土地面积的生产成本，提高产量，使农产品的价格具有市场竞争优势，而且还可以带动诸如运输、农机制造、维修服务、仓储烘干等一系列相关产业的发展，形成大农业的发展局面。

二、学习任务设计与实施

【学习任务设计】

见图3-6。

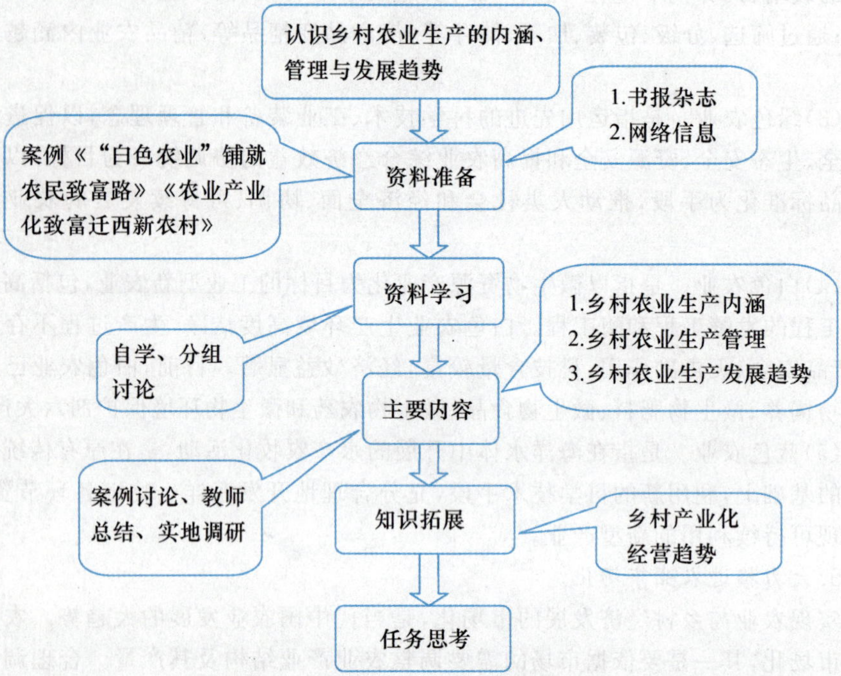

图 3-6 认知乡村农业生产的内涵、管理与发展趋势学习任务完成流程

【学习任务实施】

(1)安排学员课前通过图书馆、资料室、网络查找乡村农业生产内涵、管理与发展趋势的有关内容。

(2)教师组织学员分组讨论所给案例 1,进一步加深对农业生产管理和农业发展趋势内容的理解,并写出学习收获。

(3)组织学员分组讨论所给案例 2,加深对农业生产管理及农业产业化经营内容的理解,并写出学习收获。

(4)组织各组将学习收获汇总,全班进行讨论,教师对各组进行点评,总结主要内容。

(5)学员对自己所在乡村农业生产进行调研,提出管理和发展方向建议(内容不少于 1 500 字)。

(6)指导学员学习知识拓展内容,了解我国乡村产业化经营的五大趋势,并布置任务思考题。

【典型案例 1】

“白色农业”铺就农民致富路

徐州市九里区桃园办事处陈庄村位于徐州市九里山西面，故黄河北侧。近年来，陈庄村党支部村委会在上级党委政府的正确领导下，用科学发展观统领工作全局，紧紧围绕“富民强村”发展主题，不断创新发展思路，依托夹河煤矿有利的发展条件，强势推进村级集体经济和民营经济共同发展，把壮大集体经济同安排村民就业有机地结合起来，取得了显著成效。2009 年实现人均纯收入 9 360 元，走出了一条具有陈庄特色的富民强村之路。

生产集约化，管理企业化是陈庄村发展绿色产业的创新之路。调整产业结构转变经济发展方式，向产业化、集约化、规模化发展。是提升农业产业化，加快农村经济发展，增强综合实力赢取最大经济效益的根本方向。用工业化理念将食用菌产业纳入现代企业的科学管理中来，建立生产基地，实行集约化生产、企业化管理，做到菌种、消毒、栽培、管理、技术指导、产供销统一的管理办法。现在陈庄村民即是企业的职工，又是利益的分配者，有效突破了以往每家每户只管闭门种蘑菇，产品质量无法控制的“瓶颈”，探索出了一条符合当地实际情况的食用菌产业发展新模式。

2009 年，在产品出口受到“金融危机”影响的情况下，实现了生产园区 180 栋大棚生产高质量高品位的鲜菇 2 000 吨，取得了年效益收入 400 万元的好成绩。成为徐州乃至淮海经济区同行业中科技含量高，标准化，规模化的生产企业。

做大做强，做出特色品牌，让食用菌成为陈庄村的富民产业。继续坚持以发展为第一要务，以人为本的科学发展观。用发展保增长，用发展保民生，用发展保稳定。走科学发展、和谐发展之路。在推进集体经济稳步增长的同时，大力推进民营经济的不断扩张。实现陈庄村经济发展的两轮驱动，保持陈庄村经济又好又快发展。

食用菌产业，将是 2010 年新兴经济发展的重头戏。转变生产方式改一年生产两季的传统方式变为常年工厂化生产的创新方式。可使食用菌产量增加 1 倍，企业职工的工资和利益分配也同时增加 1 倍。计划投资 1 500 万元建设食用菌深加工企业，延长产业链，将使园区食用菌现有规模增长 1 倍的经济效益。成为陈庄村党支部，村委会实现经济增长，改善民生的创新思路和重要举措。

（资料来源：http://www.shennong.com/n/1/12/57194.shtml）

案例启示：陈庄村加强农业生产管理，利用高科技微生物工程发展白色农业，进行产业调整，农业生产向产业化、集约化、规模化发展，走出了一条特色发展致富路。

【典型案例 2】

农业产业化致富迁西新农村

迁西，这个七山二水一分田的山区县，正以如椽巨笔，在新农村建设的长卷上，书写着农业产业化发展的新篇章。

产业做“特”示范园拓宽富民路

2008 年 10 月 15 日，第三届唐山农产品展示交易会在唐山农业科技示范园举行。迁西县琳琅满目的特色农产品一亮相，立刻就吸引了众多参观者。

在新农村建设中，迁西县围绕农业增效、农民增收、农村增色出台了《关于加快发展农业产业化经营的意见》，确立了“六个万亩林果示范园”建设项目，着力打造杨家峪、路庄万亩板栗丰产园，东荒峪、旧城万亩板栗中低产改造示范园，太平寨、罗家屯围山转开发万亩板栗示范园，新集、兴城万亩核桃开发示范园，新庄子、兴城万亩核桃中低产改造示范园，花院万亩安梨丰产示范园。在保证板栗优势产业做大做强的基础上，特别强调发展南部地区的核桃、安梨等特色产业。通过实施“大项目带动战略”，推行标准化生产，迁西县“一村一品”、“一乡一业”格局正在形成。

迁西县农业产业化正在按照高产、优质、高效、生态、安全的要求，以实现科学化、标准化、市场化、集约化为内容，全力推进。以板栗、核桃、安梨为主的林果业，以柴鸡、淡水鱼养殖为主的畜牧水产养殖业，以栗蘑、香菇、平菇为主的食用菌业，以棚菜、棚果、棚花为主的高效设施农业，以生态旅游为主的农村旅游业，特色尽显，异彩纷呈。

品牌做“名”农产品闯进大市场

2008 年 7 月，在中国东方航空公司组织的“东方空中文化体验之旅河北旅游文化周”活动中，迁西县金地甘栗食品有限公司生产的“紫玉”牌五星级板栗仁以优良的品质、香甜的口味，代表河北省著名地方特产，成功入选为这次活动航空食品。“紫玉”牌五星级板栗仁搭上了东航航班。

为推进农业产业化品牌建设，该县还制定了“品牌闪亮计划”和“品牌兴农计划”，出台了以财政补贴的方式鼓励农民和农产品加工企业开展商标注册、认证的政策。两个计划实施以来，这县农民的品牌意识不断增强，利用品牌闯市场、拓销路的魄力越来越大。胡子工贸有限公司投资 10 万元，不仅在工商部门注册了“喜峰口”、“胡子”等商标，还在互联网上注册了相关网络域名。目前，这县已初步形成了具有迁西特色的农产品品牌群体。

龙头做“大”产业链延伸增效益

福春林木业有限公司是在政府的支持引导下，通过资金积累转向投入农业产业化经营的成功范例。总投资5亿元的林板一体化一期工程已顺利投产，年创利税1.2亿元。

该县依托资源优势，大力扶持林果业、畜牧水产养殖业及农产品深加工企业的发展。以农产品生产基地为基础，促进优势产业集聚，通过政策支持、招商引资、强化服务、典型引路，一批产供销、贸工农、公司＋基地＋农户的农业产业化龙头企业不断壮大，呈现出规模化、集约化、标准化的特征。金地、远洋、福春林木业等龙头企业健康发展，已形成“龙头带基地、基地促龙头”的良性循环。农业产业化龙头企业在增强农产品市场竞争力、带动产业发展和为农民增收方面发挥出重要作用。

（资料来源：http://www.shennong.com/n/1/10/46936.shtml）

案例启示：迁西大力发展农业产业化，利用产业做“特”、品牌做“名”、龙头做“大”等管理措施为新农村建设提供了强大助力。

三、任务拓展

我国乡村农业产业化经营趋势

（一）乡村农业产业化经营内涵

乡村农业产业化经营是以市场为导向，以农户经营为基础，以“龙头”组织为依托，以经济效益为中心，以系列化服务为手段，通过实行种养加、产供销、农工商一体化经营，将农业再生产过程的产前、产中、产后诸环节联结为一个完整的产业系统，是引导分散的农户小生产转变为社会化的大生产的组织形式，是多方参与主体自愿结成的经济利益共同体，是市场农业的基本经营方式。

（二）乡村农业产业化组成要素

1. 市场是导向

市场是导向，也是起点和前提。发展龙型经济必须把产品推向市场，占领市场，这是形成“龙型”经济的首要前提，市场是制约“龙型”经济发展的主要因素。农户通过多种措施,使自己的产品通过龙型产业在市场上实现其价值,真正成为市场活动的主体。为此,要建设好地方市场,开拓外地市场。地方市场要与发展“龙型”产业相结合,有一个“龙型”产业,就建设和发展一个批发或专业市场,并创造条件,使之向更高层次发展;建设好一个市场就能带动一批产业的兴起,达到产销相互促进,共同发展。同时要积极开拓境外市场和国际市场,充分发挥优势产品和地区资源优势。

2. 中介组织是连接农户与市场的纽带和桥梁

中介组织的形式是多样的。龙头企业是主要形式,在经济发达地区龙头企业可追求“高、大、外、深、强”。在经济欠发达地区,可适合“低、小、内、粗”企业。除此之外,还有农民专业协会、农民自办流通组织。

3. 农户是农业产业化的主体

在农业生产经营领域之内,农户的家庭经营使农业生产和经营管理两种职能合为农户的家庭之内,管理费用少,生产管理责任心强,最适合农业生产经营的特点,初级农产品经过加工流通后在市场上销售可得到较高的利润。当前,在市场经济条件下,亿万农民不但成为农业生产的主体,而且成为经营主体。现在农村问题不在家庭经营上,而是市场主体的农户在走向市场过程中遇到阻力,亿万农民与大市场连接的困难。农户利用股份合作制多种形式,创办加工、流通、科技各类中介组织,使农产品的产加销、贸工农环节连接起来,形成大规模产业群并拉长产业链,实现农产品深度开发,多层次转化增殖,不断推进农业产业化向深度发展。

4. 规模化是基础

从一定意义上讲,“龙型”经济是规模经济,只有规模生产,才有利于利用先进技术,产生技术效益;只有规模生产,才有大量优质产品。提高市场竞争力,才能占领市场。形成规模经济,要靠龙头带基地,基地连农户,主要是公司与农户形成利益均等,风险共担的经济共同体,使农户与公司建立比较稳定的协作关系。公司保证相应的配套服务,农民种植有指导,生产过程有服务,销售产品有保证,农民生产减少市场风险,使得农户间竞争变成了规模联合优势,实现了公司、农户效益双丰收。

(三)我国乡村农业产业化经营趋势

在现有的发展基础上,结合国内新形势,我国乡村农业产业化经营呈现五大发展趋势。

1. 龙头企业向大型化、集团化、加盟型方向发展

21 世纪以来,全国亿元以上的农业产业化龙头企业增长速度较快,还涌现出一批年销售收入约 10 亿元、50 亿元以上的龙头。一些单型体的企业通过兼并、收购、控股等方式,迅速成长壮大起来;有众多的企业依托较大企业,组成企业集团;

有同类企业通过品牌加盟、资本或其他要素的联合实现共同发展;一些企业通过跨地区、跨行业的大组合实现大飞跃;还有的核心企业通过下蛋经营,发展为母子公司、总厂分厂的紧密联合体。大型化、集团化的发展势头展示了农业产业化龙头企业做大做强的前景,有利于提高市场竞争力和带动能力。

2. 中介服务组织在产业化经营中的地位越来越重要

围绕农业产业化经营的中介服务组织有两大类:一类是农民合作服务组织,包括农民专业协会、农民经纪人协会等;另一类是行业性合作服务组织,包括行业性企业协会或企业和农民共同组成的协会。实践证明:龙头企业和农民搞订单,中间必须有一个环节,这个中间环节只有农民中介服务组织才能担当起来。另外,龙头企业的行业自律、行业协调、维护农户和企业的合法权益,也需要行业性的中介服务组织。从趋势看,中介服务组织在农业产业化经营中的作用和地位不亚于龙头企业,有的中介服务组织本身就是龙头。

3. 农业产业化经营将带动农产品产业带的形成

龙头企业带动基地发展,促进基地建设的专业化、规模化和区域特色化,推动优势产业向优势区域集中,必然导致产业带的形成。从辽宁看已显示出这种趋势,五大基地分区和沿高速公路的三大绿色产业带,都呈现出产业带的发展势头。

4. 农产品精深加工将成为农业产业化经营的支柱

农业产业化经营,实质上就是农产品链条的延伸,链条延伸得越长,产业化的程度越高,而链条延伸的关键就是发展农产品精深加工业。随着精深加工链条不断加长,加工产业像滚雪球般越做越大,必将成为农业产业化经营的支柱。目前全国的精深加工只占15%~20%,发达国家的精深加工一般在50%以上,发展的潜力和空间还很大。通过精深加工、系列加工、高附加值的加工做大做强加工产业、拉动农业产业化经营上新台阶是必然趋势。

5. 农业产业化和农村工业化、城镇化走向融合发展

农业产业化对工业化、城镇化具有载体性作用,工业化对农业产业化具有带动功能,城镇化对农业产业化具有扩张功能。农业产业化在吸纳资本、技术、人才等生产要素进入农业领域的同时,加快了农业要素向工业部门和城镇的转移。通过农业产业化经营,使城乡之间、工农之间、一二三产业之间的资源要素形成对流转移之势,推动产业化、工业化、城镇化的交融发展。

四、任务思考

(1)我国新型业态农业有哪几类?各类含义是什么?

(2)我国乡村农业产业化经营五大发展趋势是什么?

项目四　乡村工业生产管理

【引导案例】

废木料加工粘板

河南省台前县夹河乡西杨村的村前村后，一堆堆废木料堆得像小山。几年前，村民张玉良看到村里的废木料加工厂生意十分红火，就开始在周边村收购废木料，卖给村里的板条厂。在和前来收购板条的外地人攀谈中，张玉良了解到，废木料被解成板条后，卖到河北、山东等地，先粘成面积约2平方米的木板，再经过加压、覆膜等程序，制成高档装修材料，市场前景广阔。于是，张玉良抓住商机，办起了粘板厂，赚了不少钱。在西杨村的影响下，当地从事废木料加工业的村扩展到10余个，形成了采集、收购、加工、销售一条龙，带动近千名群众走上了致富路。

（资料来源：http://www.cyone.com.cn/Article/Article_15368.html）

案例启示：西杨村利用废木料加工粘板走出了一条利用乡村工业致富的道路，为我们提供了除农业之外又一条致富途径。采用何种工业发展模式，如何进行乡村产业结构规划和管理，这些知识是我们利用乡村工业致富的理论支撑。

【项目目标】

完成本项目学习任务后，你应该能

1. 了解乡村工业的分类和特点
2. 了解乡村工业发展模式的分类和选择
3. 掌握乡村工业结构规划和管理

【项目任务描述】

本项目分为认知乡村工业分类、特点与发展模式与乡村工业结构规划和管理二个任务。通过本项目任务的操作与学习，能让学员了解乡村工业的分类和特点与乡村工业发展模式的分类和选择；并掌握乡村工业结构规划和管理等技能。通过学习，能增强学员对本项目的学习兴趣，培养查阅资料、观察分析、调查研究和沟通协作等能胜任岗位工作的职业素质。

任务七 认知乡村工业分类、特点与发展模式

一、任务准备

(一)乡村工业内涵与分类

乡村工业是市场经济下以农民工返乡创业为主体、立足于乡村区域发展的工业产业。乡村工业坐落区域在乡村，具有本土化特点，在乡村地区兴办，就地吸收、转化农业劳动力，或成为完全脱离土地的“永久”工人，或成为亦工亦农的兼业型工人；乡村工业在乡村居民职业构成中从事非农产业的人口中占一定比例，在乡村社会总产值中非农产业产值比重相对较高。

乡村工业主要包括采掘工业、制造业、加工业等。

(二)乡村工业的特点

1.区位便捷

大都沿国道、省道发展，交通便利。

2.投资主体多元

大多数是苏、浙、沪等沿海发达地区转移企业，还有本地在外务工返乡创业人员。

3.产品结构与乡村资源密切关联

主要有资源加工型和劳动密集型，立足于乡村的资源和劳动力优势。

4.员工以农民为主

技术和管理岗位相当一部分是从外地打工返乡就业的，普通岗位是当地农民。

5.资金来源多渠道

一部分是沿海地区企业的支持，一部分是外出务工积蓄和亲友资金拆借。

(三)乡村工业发展模式

现阶段，我国乡村工业发展模式有以下八种。

1.农副产品加工型

我国广大乡村拥有丰富的农产品资源、大量的农业劳动力和多种多样的农副产品加工传统,发展农副产品加工业,是乡村工业发展的必然选择之一。对比较落后的“农业地区”,应当利用“以农促工”模式来促进乡村工业的发展。通过农业产业化和贸工农联合经营形式来改变传统农业生产经营中只注重向市场提供初级农产品的方式,延长农业经营的产业链,大力发展农产品加工业,从而带动“农业工业”型乡村工业的发展。

2.城市辐射发展型

乡村工业兴起的一个重要原因,就是在其发展之初就拥有一个可以依靠的技术源泉——城市工业。利用城市工业结构调整的契机,通过专业化分工与协作的方式,把城市工业延伸到乡村去,以带动乡村工业的发展,乡村工业发展了又反过来为城市工业发展提供更为广阔的空间。

3.区际协作型

通过加强经济发达地区与经济欠发达地区的经济和技术合作,来推动落后地区乡村工业发展,同时也可以为发达地区乡村工业的发展开拓更广阔的空间。经济发达地区利用资金、人才、技术和信息方面的优势向落后地区的乡村工业发展提供支持和援助,落后地区可以利用自已在原材料、初级加工产品和劳动力资源丰富等方面的优势支援发达地区,两者相互取长补短,共同推动本地区经济发展。

4.矿产资源开发型

由于矿产资源多分布在农村地区,因而在丰富的矿产资源基础上建立相应的采掘业和原材料工业,是资源丰富地区农村工业发展的必然选择。这种模式形成的主要条件是有一定的矿产资源储量,一定的运输通达性。

5.外贸、外资推动型

这种模式的特点是,产业结构以劳动密集型的轻型加工业为主,如电子电器、纺织服装、金属制品等,产业结构升级速度比较快,企业的专业化水平较高,规模比较大,技术水平比较先进,与海外生产要素与市场联系紧密。

6.人力资本推动型

人力资本推动型是一种重要而普遍的模式。在乡村工业创建过程中,富有开放创新意识的政府领导人和创业意识强和经营管理能力和投资能力强的企业家、“经济能人”,起着非常重要的作用。

7.市场—加工循环型

乡村工业具有市场导向性质,对市场具有较强的依赖性,许多地方将市场建设摆在经济发展的重要地位，形成市场—加工互动的发展格局。这种模式有赖于区域拥有发展某类产品的特殊区位优势，行业规模经济比较突出。闻名全国的江苏吴江市盛泽镇的“东方丝绸市场”、浙江义乌的小商品市场，都对当地的农村工业发展起到了巨大促进作用。

8. 城镇化推动型

通过优先发展农村小城镇，从而为农村工业发展建立起必要的基础设施和外部发展条件，来引导和推动农村工业发展。

(四)选择乡村工业模式应注意的问题

(1)城市辐射型、外资外贸推动型乡村工业，企业的联系空间较广，生产要素的质量较高，产业和市场的规模较大，发展前景广阔。但在激烈的市场竞争中，企业对技术创新、规模经济和组织协调的依赖性日益突出，它需要城乡经济更加一体化和生产营销更加国际化的发展环境。

(2)农副产品加工型、矿产资源开发型乡村工业，在发展的早期阶段，比较容易在较低的产业结构水平上形成区域专业化优势。但发展到一定阶段，这种优势在一定程度上又会削弱企业的创新竞争压力，从而导致区域发展动力和结构转换能力的不足。因而，以这两种形式为主的地区，须在强化农业生产和资源保护的基础上，注重进行产业联系，进行资源的系列加工增值和发展模式的逐步转换。

(3)市场—加工循环推动型乡村工业，当市场达到一定规模后，市场性质、产品需求弹性大小和运输成本，会严重制约工业发展的规模和潜力，因而求企业和市场努力保持其区位优势，在产品的质量、品种、特色、价格、营销和信息服务方面不断创新，并在规模上保持和市场的协调发展。

(4)人力资本推动型乡村工业，由于当代市场经济竞争的关键在于科学技术和人才的竞争，因而有着广阔和深远的发展潜力。但基于我国广大乡村人力资本质量还比较差的现状，必须加大教育的投资，提高区域人员素质。

总之，在乡村工业模式选择上，一定要以本地区的实际出发，考虑各种影响因素，综合分析，才能确定适合本地区发展的工业模式。

二、学习任务设计与实施

【学习任务设计】

见图 4-1。

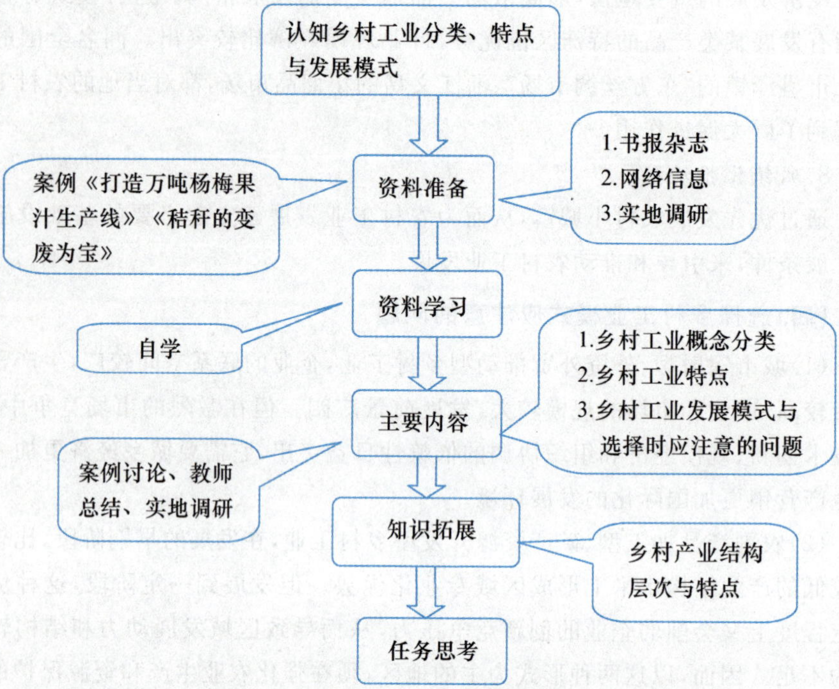

图 4-1 认知乡村工业分类、特点与发展模式学习任务完成流程

【学习任务实施】

(1)安排学员课前通过图书馆、资料室、网络、实地调查等途径查找乡村工业分类、特点及发展模式等有关内容。

(2)组织学员讨论典型案例 1,加深对乡村工业农产品加工型发展模式的认识。

(3)组织学员讨论典型案例 2,加深理解选择市场—加工循环推动型乡村工业模式,不仅要注重经济效益,而且还要兼顾环境效益和社会效益内容。

(4)汇总学员学习收获,教师总结主要内容。

(5)每位学员找附近一个乡村进行调研,结合本任务所学知识,判断其乡村工业的发展模式类型,并为其今后发展提出可行性建议(不少于 1 500 字)。

(6)指导学员学习知识拓展内容,了解乡村产业结构层次与特点,并布置任务思考题。

【典型案例 1】

昆明富民走深加工路子 打造万吨杨梅果汁生产线

近日，富民杨梅深加工项目通过市、县两级验收，该精深加工项目建成一条每年可生产 10 000 吨杨梅果汁饮料的生产线，将为富民杨梅种植户在成熟收获季节的销售提供保障。

该项目由富民当地企业快乐王子食品有限公司上报市生物产业办立项批准同意实施，建设一条年生产 10 000 吨果汁饮料生产线一条、检测室一个、2 000 平方米仓库一个。项目建成后，通过由市农业局、市生物产业办和富民相关部门专家组成的项目验收组，通过现场查看项目建设情况、查验项目资料后，认为项目按照昆明市生物资源开发创新产业项目管理合同书的要求开展项目实施工作，按期完成项目建设任务，项目资料齐全，管理规范，资金使用合理，做到了专款专用，顺利通过验收。

项目建成后，将有效解决富民部分杨梅种植户在收获季节的销售问题，加快产业结构调整步伐，并为农村劳动力创造新的就业机会。

（资料来源：http://www.nongcun5.com/news/20150203/33338.html）

案例启示：昆明富民杨梅深加工项目是根据当地的实际情况，利用杨梅种植的良好第一产业基础选择的工业项目，加快了当地的产业结构调整，增加了当地的就业机会。

【典型案例 2】

秸秆变废为宝

“真没想到，这秸秆也成好东西了，你看还能卖钱呢！”日前，在山东省即墨市南泉中心社区挪城宋村的麦地里，村民宋祖德拿着刚刚卖秸秆赚来的钱高兴地说。

正在地头洽谈秸秆收购，来自即墨南泉中心社区的青岛子鹤新能源科技有限公司总经理黄祖信说：“可别小瞧这秸秆，在我们那儿能变成宝贝！”小小秸秆是如何变成宝贝的？记者来到青岛子鹤新能源科技有限公司一探究竟。

在南泉中心社区一个工厂大院里，黄祖信正指挥工人将刚收购来的一车重 3 吨多的秸秆卸下。据了解，青岛子鹤新能源科技有限公司专门从事非传统能源研究和开发，特别是生物质能源方面的研究，公司已建立了几个生物质燃料供应点，主要收储麦秸、玉米秸秆等，协助解决农村的秸秆焚烧和草垛堆积问题。

“这小小秸秆不仅是农民获得额外收入的来源，更是生物质‘气化’的原料。经过高温裂解后生成的烷类气体，不仅可以用来烧锅炉供暖，还可以直接输送到用户家中做燃料。秸秆废物利用，一举多得!”黄祖信介绍说。

黄祖信带着记者来到了一处小型的供热站里，这里有一台生物质气化锅炉，先把收集到的秸秆放入到气化装置内进行高温裂解，生成烷类气体，这些气体通过燃烧来为锅炉加热，锅炉内的水加热后，再通过管道循环为居民供暖。据了解，这种供暖方式已经运行3年，而且主要是为农村一些没有集中供暖的小区供暖。

除了烧锅炉之外，秸秆高温裂变后生成的烷类气体也能直接输送到居民家中。黄祖信介绍说，他们公司专门设计了小型的民用气化炉，与使用天然气一样，直接通气打火做饭。“根据实验，使用这种气体烧开一壶水只需要七八分钟，比烧煤还要快一些。”

“今年，我们供暖面积大约有15万米^2，每平方米要用20千克秸秆，全年需要300万千克，节约煤炭至少3 000吨。按每亩地收集秸秆200千克计算，需要1.5万亩左右的麦田来供应。南泉中心社区一共20 000多亩麦田，这样一个供热站可以解决整个社区的秸秆问题。”黄祖信说。

“这种技术不仅环保，最重要的是能将秸秆变废为宝。该项目在减少污染物排放及废物利用方面具有很大的优势，后期如果能解决秸秆收集问题，前景非常广阔。”南泉环保所一位工作人员说。

（资料来源：http://www.nongcun5.com/news/20141129/32646.html）

案例启示：利用农作物的秸秆进行加工作为取暖能源，既减少了污染，又能解决乡村的能源问题，不仅具有经济效益，还具有重要的社会效益，是乡村加工业中的榜样。

三、知识拓展

乡村产业结构层次与特点

（一）乡村产业结构概念和内涵

乡村产业结构是指在乡村这个特定的经济区域内，乡村各产业部门的组成及其相互之间的比例关系。

按照乡村经济的横向分工，可以将乡村各经济部门分为三类产业部门：

第一产业：是指直接利用动植物的生命活动而取得物质产品的部门，包括种植业、林业、畜牧业和渔业。

第二产业：是指运用矿物资源进行开采和对初级产品进行加工与再加工的部门，包括乡村工业和乡村建筑业。乡村工业又包括采矿业、加工业和制造业等具体行业；乡村建筑业又包括建筑业和建材业两类。

第三产业：是指乡村中为生产和生活提供服务的部门，包括乡村商业、交通运输业、服务业以及金融、保险、邮电、信息、旅游业等。

（二）乡村产业结构的三个层次

1. 第一层次

指乡村第一、二、三产业之间形成的结构。

2. 第二层次

指各次产业结构内部的结构。即第一产业中种植业、林业、牧业、副业、渔业之间形成的结构，第二产业中工业和建筑业之间形成的结构，第三产业中流通业、服务业、商业等之间形成的结构。

3. 第三层次

指各行业的内部结构。如种植业中各种农作物之间形成的结构，乡村工业中的结构，流通业的结构。

（三）乡村产业结构的特点

1. 综合性和整体性

乡村产业结构属于农村经济结构的分系统，而各个产业部门又是农村产业结构的子系统或因子。各个因子或子系统之间相互依存，相互制约，就构成乡村产业结构这个综合体或有机整体。在这里，构成乡村产业结构的各个因子（或要素）不是简单的相加，而是紧密地结合在一起，并形成一个全新的整体，并能发挥整体的功能作用。过去，我们一提乡村就是指农业，一提农业就是指种植业，一提种植业就是指粮食。往往用局部代替整体，忽视整体功能，致使农村经济畸形发展，其教训是非常深刻的。

2. 系统性和层次性

乡村产业结构是个多层次的复合体，是个复杂的大系统，它是由多个层次、多个级别组合而成的。具体如图 4-2 所示。

- 乡村产业
  - 第一产业　农业
    - 种植业
      - 经济作物
      - 饲料作物
      - 粮食作物
        - 麦类
        - 豆类
        - 稻类
        - 薯类
      - 油料作物
      - 蔬菜
    - 林业
    - 畜牧业
    - 渔业
  - 第二产业
    - 工业
      - 采矿业
      - 加工业
      - 制造业
    - 建筑业
      - 建筑业
      - 建材业
  - 第三产业
    - 交通业
    - 商业
    - 服务业

图 4-2　乡村产业结构系统示意图

3. 地域性和动态性

乡村产业结构的形成及演变受自然条件和社会经济条件的严格制约。由于自然条件和社会经济条件的地区差异性，内地和沿海、城郊和边远山区、发达地区和贫困地区，不同地区的农村产业结构差异甚大，不能使用一种发展模式，而必须因地制宜。从时间方面进行考察，随着生产力水平的不断提高，各方面条件会不断改变，不同地区的农村产业结构都会发生相应的变化。乡村产业结构在空间上表现为地域性特征，而在时间上则表现出动态性的特点。

四、任务思考

(1)我国现阶段乡村工业特点有哪些？

(2)我国现阶段乡村工业发展模式有哪些？应如何选择适应当地的发展模式？

任务八 乡村工业结构规划和管理

一、任务准备

(一)乡村工业结构规划的原则

1.要注意避免与城市工业的趋同

乡镇企业的发展初期由于市场供给严重不足,社会对产品的需求急剧膨胀,而国有企业因体制的制约无力满足市场需求,从而使乡镇企业能够“乘虚而入”。通过引入和模仿国有企业的产品和技术,从而以低成本、低水平进入市场,迅速发展起与城市工业相似的产业和产品,占领国有企业无法满足的市场空缺,这就导致了乡镇企业与国有工业结构趋同及乡镇企业与国有企业结构的相似性。城市工业占50%。城乡工业结构的雷同,不仅不利于发挥各自的科技、劳动力优势,而且加剧了城乡间、地区间的原材料、产品的过度竞争,加大了各自的交易成本。我国已进入了工业化中期阶段,城乡消费结构的变化要求生产结构做出相应的调整,产品与产业结构的调整重组已成为增长方式转变的关键。因此,乡村工业结构的调整和产品结构的选择,必须与整个国民经济重组的趋势相适应,才能实现持续、健康、高效发展。

2.要注意提升水平

21世纪,将是高科技世纪。因此,一个高度化的产业结构,必须以完善的高科技体系为标志,以高新技术为依托。根据我国经济发展的趋势,一个以汽车、家用电器、微电子、通讯、航天、新材料、新能源、生物工程技术等为代表的新兴产业正在崛起,并将会在国民经济中起主导地位。目前的乡村工业大多以技术含量较低的轻纺、服装、小型化工、传统机械制造等产业为主,高新技术产业少。所以,在乡村工业结构规划时,特别是在乡村工业已有较好发展规模基础的地区,应坚持发展高科技产业,以逐步实施产业结构的高度化作为战略目标。要积极应用现代技术改造原材料、能源、建材、农用、轻纺等传统工业,有条件的地方要在高起点上发展机电、化工、冶金等基础和支柱产业,有重点地引导乡村工业,发展生物、电子、信息等高新技术产业。

(二)乡村工业结构规划的准备工作

乡村工业结构规划的准备工作包括以下基础材料的搜集、整理与分析:

1.乡村工业的发展现状

调查乡村工业发展水平,包括企业规模、主要技术经济指标、设厂依据、扩建与改建的可能条件等。

2.资源条件

包括农产品加工资源和矿产资源、能源等。农产品加工资源调查农产品的分布、数量、质量、季节性等，矿产资源调查矿石的主要类型、品位、储量、开采利用现状、进一步开采利用的可能性等，能源调查包括类型、开发利用的条件等。

3.建设条件

建设条件包括土地、水源、电源、交通条件等。土地方面主要考虑地形、坡度、土质、地下水位等。用水条件要考虑规划区内水资源、水量平衡状况、工农业用水分配、耗水量大的企业供水水源能否足够保证等。

4.了解国家有关的方针、政策、法律

了解国家对发展农村工业的优惠政策、国家产业政策、环保法律等。

(三)乡村工业结构规划

乡村工业产业结构规划要把握以下几点。

(1)在发展高新技术产业时，要从自己的实际出发，量力而行，不贪大、贪全，不盲目上马，不一见成效跟风跑。

(2)整个产业拿不下，就勇当配角，对投资少、见效快的高新技术产品，抓一两个产品或几个配件，搞小而专、小而优、小而特、小而廉的小巨人。

(3)对现有产业，凡淘汰产品，生产过剩产品，耗能过多、破坏资源严重、污染严重近期无法治理的，下决心放弃，进行调整。

(4)对技术、设备、工艺落后的产业，产品市场继续需要，就用高科技进行改造，使夕阳产业变为朝阳产业。

(5)除乡村企业不发达地区外，其他地方对传统产业暂停发展新企业，进行技改提高，把着眼点转到农副产品加工、储藏、保鲜、运输、生物综合利用的增值上来，促进和带动农业专业化。

(6)发展劳动密集型、技术劳动密集型是乡村工业的最大优势。

(四)乡村工业管理

现阶段，我国乡村工业生产管理主要做好以下工作。

1.明确工业产业发展的方向和目标

我国乡村工业产业的内容丰富，选择性很大。只有选择合适的项目，乡村工业产业才可能顺利发展起来。对于当地适合发展哪些工业产业项目，乡村经济管理者需要进行深入的研究，根据当地的条件和产业发展的实际，提出发展的方向和目标，并进行宣传。

2.创造工业产业发展的条件

为实现工业产业的发展,乡村经济管理者需要为其在乡村内的发展提供必要的条件。特别是为非集体经济的发展在产业用地、基础设施,以及用工政策等方面给予支持。对于外来企业,还需要协助办理项目审批、厂房建设等。有条件的乡村,可以将相关产业集中起来,在指定的区域内进行生产经营。同时,还要为产品和原材料的运输等创造更好的条件。

3.监督企业依法、依规发展

乡村经济管理者对在其乡村中的工业产业有检查、监督的义务,主要是监督企业依法、依规发展,监督企业的环境保护工作,监督企业是否遵守有关部门的用工制度、是否依法纳税,监督企业的产品或服务是否合乎有关部门的要求,防止乡村内企业出现违反国家法律和行政规章等问题。

4.解决发展中遇到的共性问题

为促进乡村工业产业的发展,乡村经济管理者有义务,也有责任协助解决当地工业产业发展中遇到的共性问题。如通过电力建设解决产业发展中的电力不足问题,通过调整种植业结构等解决当地农产品加工业的原材料不足问题,通过引进金融企业解决企业融资难的问题,通过道路规划解决运输不畅问题等。乡村经济管理者要经常了解企业发展的现状,通过解决企业发展中的问题,促进乡村工业产业的发展。

二、学习任务设计与实施

【学习任务设计】

见图 4-3。

【学习任务实施】

(1)安排学员课前通过图书资料、网络信息等途径查找乡村工业结构规划和管理等有关内容;组织学生分组讨论乡村工业结构规划和管理内容,每组写出学习收获在全班进行交流。

(2)组织学员学习案例 1,讨论案例中乡村工业如何进行管理的。

(3)组织学员学习案例 2,讨论案例中如何进行工业管理和规划,有哪些启示。

(4)教师对学员讨论的学习收获进行评价,总结主要内容。

(5)选一个乡村进行调研,根据所学乡村工业生产管理的相关内容,针对乡村的具体情况,提出该村工业生产管理的建议(不少于 1 500 字)。

(6)指导学习拓展内容,熟悉影响乡村产业结构的因素,并布置任务思考题。

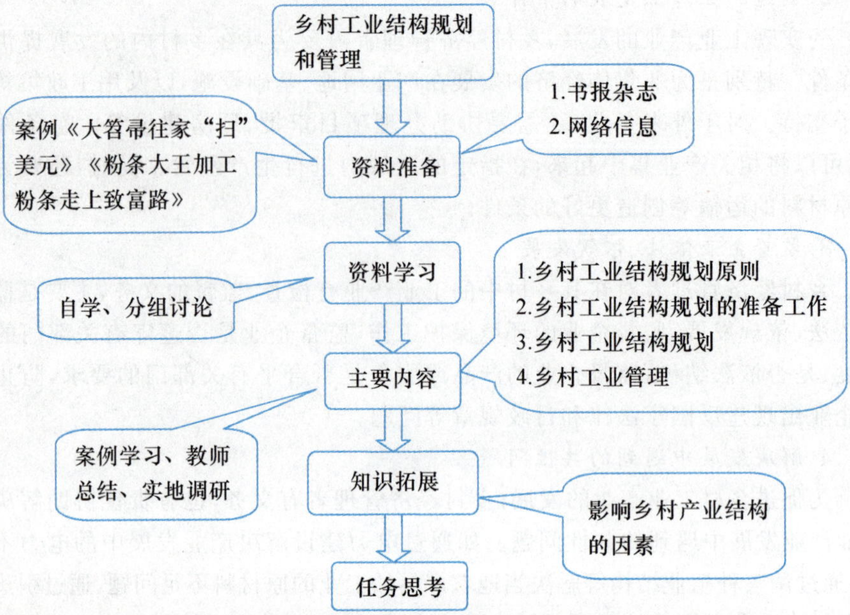

图 4-3 乡村工业结构规划和管理学习任务完成流程

【典型案例 1】

大笤帚往家“扫”美元

在河北乐亭县前黑村永平大笤帚加工厂的车间里，蒸汽氤氲，被蒸煮过的高粱苗子散发出略带甜味的秸秆清香。前黑村是传统的大笤帚生产专业村，以前都是一家一户地分散加工，外形质量没有一个统一的标准，所以在县采购站来收购时，很多大笤帚达不到出口要求，因此整体效益一直不高。后来，村民张永平等三人分别成立了三个大笤帚加工厂，进行集中规模生产，并辐射带动了周边几个村的1 200多人从事这项产业。为了防止在生产过程中的无序竞争和恶意压价等行为，2006年，该村成立了大笤帚协会，负责进料、加工、销售的“三统一”。该村的大笤帚生产还取得了自营出口权，在销售环节上取得了主动。协会通过互联网直接与韩国、意大利、美国等国家和地区的客商联系，按样加工。

目前，该村可生产10多类不同花色品种的大笤帚，每隔5天左右就用集装箱货运车将产品运至天津等港口外销。现在每把大笤帚的价格由过去的40美分升至60美分，每年可创外汇260万美元。在永平大笤帚加工厂，有很多是夫妻搭档联手加工。手快的每天能加工200把大笤帚，每把挣五毛。大笤帚生产的工艺很复杂，从分拣、破苗、熏蒸、捆扎、拦线、上色、晾晒、打包，各个工序都不可缺少，这样不同年龄不同手艺的人都有用武之地，全村劳动力得到充分地发挥，一把笤帚，人人可从中取利。

（资料来源：http://www.cyone.com.cn/Article/Article_15368.html）

案例启示：新黑村成立了大笤帚协会，防止了无序竞争和恶意压价行为，对进料、加工、销售进行统一管理，对该村的笤帚生产提供了有利条件，使该村工业健康发展，全村乃至附近村庄人们都收益。

【典型案例 2】

粉条大王加工粉条走上致富路

松原市宁江区善友镇新家村村民黄喜忠，今年 51 岁，是个地地道道的农民。多年来，他凭着生产粉条，走上了发家致富的道路，成了远近闻名的“粉条大王”。

在 1980 年，黄喜忠向亲戚借了 2 万元，跟朋友开了一间生产粉条的作坊。刚开始，他对生产粉条的工序一知半解，于是一边学习生产设备的操作，一边研究粉条的生产工序。有段时间，他在作坊连续干了 82 天。凭着这一股子干劲，他的作坊一天能生产出 300 多千克粉条。经过一段时间的经营，他不但还清了欠款，还赚了千余元。

正当黄喜忠的粉条生意走向正轨时，他的朋友却撤了资金，万般无奈下，他卖掉了设备，关闭了作坊。一年后，一次偶然的机会，一位粉条生产商得知他能力强、信誉好，便雇佣他销售粉条。他不负众望，干得红红火火。在此期间，他走南闯北开阔了眼界，还摸清了市场需求。

1989 年，黄喜忠自行单干，建了一个 20 米^2 的粉条生产作坊。当时粉条市场大，他便和工人们加班加点生产，没有睡过一个安稳觉。辛勤的付出换来了收获，他生产的粉条质量好，不含任何添加剂，受到了收购商的青睐，远销深圳、广州等地。

生意越做越好，但黄喜忠没有满足现状，在积累了一定资本之后，他和当地的 5 名村民成立了合作社。他说：“自己再能干也是能力有限，成立合作社，把大家的力量拧成一股绳，把粉条生产形成规模，这样才能带动本地农民兄弟一起致富。”

2011 年，松原市宁江区吉胜农产品贸易专业合作社正式挂牌成立。黄喜忠筹集了 200 多万元资金，用于厂房和冷库的建设、生产设备的更新，全部实现了机械化。他介绍说，以前一天生产300千克粉条，现在一天能生产4吨粉条，日产量极大提高，满足了全国各地前来购买粉条的商户需求。与此同时，也有一些问题制约着粉条的生产，对此，黄喜忠说："如果粉条没有商标，就不能进入超市，我正在努力为粉条注册商标，这样粉条有了'身份'，销售的渠道就会越来越宽。"

对于未来的发展，黄喜忠心中早有规划蓝图。他说："过去我们靠种玉米为生，一年到头挣不了几个钱。现在我们利用合作社流转土地，可以全部种上马铃薯。这样既能满足生产粉条的原材料供应，同时还能增加本村农民的收入。"今年，他种了15公顷马铃薯作为实验田，并计划明年流转50公顷土地，全部种植马铃薯。他说："到2016年准备注册股份制公司，形成'公司＋合作社＋加工户'经营模式，为粉条生产再发展创造条件。"

（资料来源：http://www.cyone.com.cn/Article/Article_33781.html）

案例启示：黄喜忠对自己的企业产品注册了商标，结合当地实际情况为企业进一步发展创造了条件，对企业进行了有效的管理，并对未来经营模式、发展方向进行了规划。

三、任务拓展

影响乡村产业结构的因素

（一）市场需求状况

发展社会主义乡村市场经济，必然受市场经济规律的制约。乡村各产业的产品必须通过市场销售，才能检验出是否产销对路，结构合理。如果某种产品供大于求，产品严重滞销积压，就说明这个产业过剩，应该压缩了。

市场对产业结构的影响是根本性的因素。从乡村产业结构来看，具体可考虑以下几点：

（1）消费者需求的多样性，致使农村产业呈现多部门、综合化。

（2）市场价格的信号，往往对产业的调整起主导作用。如农民总愿意把资金投向收益高的产业部门。

（3）市场需求的发展趋势必然牵动农业产业结构的发展趋势。如由温饱型需求向营养型需求的发展趋势，导致产业结构也必须随之变化。

（二）资源状况

乡村经济的一大特点，就是多数产业依赖于资源条件。所以，农业产业结构模式在某种程度上是资源结构状况的反映，例如，海南省的热带作物型农业结构与内蒙古的畜牧型农业结构，就是由资源决定的。

资源状况对乡村产业结构的制约，应从以下几方面来考虑：

(1)自然资源和经济资源(如人口、资金、交通等)要统筹考虑，不可偏颇一方。

(2)资源的有限性和资源的多样性并存。

(3)资源分布的不均衡性。

(三)农业生产的特点

乡村产业结构也往往受农业本身所固有的特点的影响。主要有以下几个方面。

(1)各部门的物质交换关系。例如，农业、林业和畜牧业三者之间的关系就很密切，林业为农业提供生态环境的保护，种植业为畜牧业提供饲料，而畜牧业又为农业、林业提供有机肥或资金等条件。

(2)农业生产的季节性，为安排不同产业结构创造了条件，如农闲时可发展工业副业生产。

(3)农业生产的周期性较长；农业的自然再生产与经济再生产交替进行等特点，对产业结构的形成都有一定影响。

(四)经济政策

政策是国家为保护广大人民的长久、整体利益而制定的社会行为准则。乡村产业结构的形成，必须充分考虑并执行国家经济的、产业的政策。如为了保护环境，国家规定了限制小造纸厂的政策；为了保证全国人民的基本生活需要，国家制定了粮、棉、油发展政策等。

【典型案例】

坝寨乡农业产业结构调整现状

坝寨乡地处黎平西部，距县城28公里。全乡总面积132平方公里，辖11个行政村1个居委会，总户数3 000户，总人口14 008人。耕地面积6 650亩，其中：稻田面积6 271亩，其余379亩。2008年人均产粮340千克，人均纯收入1 995元。

近年来，乡党委、政府高度重视农业产业的发展，加大了农业产业发展的培育力度，在农业产业发展上取得了一定的成效，在推进农业产业结构调整上做出了有益的尝试。自20世纪90年代以来，坝寨乡境内先后发展的农业产业有中药材(主要是茯苓、天麻、灵芝)、香菇、蔬菜、养殖业、优质稻、松脂、茶叶等产业。除天麻、香菇、松脂等部分产业由于受市场、技术等因素制约，最终没有发展壮大外。茶叶、优质稻、中药材、养殖业等产业蓬勃发展。一是茶叶产业在发展中不断壮大。乡政府对茶叶产业做出了发展规划，在五年内使全乡茶园面积达到3 000亩。为推进茶叶产业的发展，2008年底乡政府通过招引客商，实施50亩的茶叶苗基地建设。目前全乡有茶园1 000余亩，今年计划实施450亩。二是大力推广“公司＋农户”订单农业，抓好优质稻推广种植工作。2008年，在青寨、连硐、坝寨等村农户与黎平侗乡米业公司签订种植收购合同，推广种植优质稻1 175亩，实现农民增收30万元。三是以路团村吴江为代表的养殖大户引领全乡养殖产业的快速发展。全乡现有养殖大户两户即路团吴江、青龙杨秀宁，年出栏家禽3万羽，实现纯收入达10万余元。四是茯苓、灵芝等中药材产业、能繁母猪等产业齐头并进，呈现良好的发展势头。

同时，在农业产业发展中由于受制于自然条件、市场、技术、群众思想观念等不利因素，制约了农业产业的快速发展，致使全乡在农业产业中呈现农业产业规模小、技术含量低、市场竞争力不强等。

（资料来源：http://www.qdnyj.gov.cn/news/jc/200911/news_20091105165026_82132.shtml）

四、任务思考

（1）乡村工业结构规划应注意哪些问题？

（2）如何进行乡村工业管理？

项目五　乡村休闲旅游与服务业管理

【引导案例】

龙岩洋畲原乡生态旅游度假区规划

福建省龙岩市新罗区洋畲村2006年开始发展旅游，柑橘采摘和农家乐已经初具规模，但仍存在旅游配套明显不足，农业产业发展单一、区域发展的带动性差，产品链条短，休闲类产品欠缺等瓶颈问题。

各级领导、当地专家在深入调研后提出了打造“闽西第一山乡，百里生态画廊”的定位，同时提出通过“四大转变”带动“五化发展”的洋畲乡村旅游升级的战略思路，实现“洋畲”的品牌化，形成最具“原乡”特色与乡土生活方式的特色生态体验产品，从而解决了洋畲村旅游发展所面临的问题。

洋畲在发展规划上提出通过“乡土化提升、景区化开发、品牌化整合，及市场化运作”等手段，创立“洋畲原乡”品牌，联动周边村落、景点资源，培育若干特色有机果蔬及养殖基地，打通两条绿色生态走廊，通过“公司＋度假景区＋特色农业基地＋农户”四位一体的经营模式，实现区域乡村旅游升级，同时为龙岩创建全国乡村旅游与休闲农业示范县及旅游目的地提供支持。

（资料来源：http://www.shsee.com/anli/ghsj/134_2.html）

案例启示：从案例中我们可以看出，做好开发和规划工作是发展乡村休闲旅游基础工作，开发和规划工作将会直接影响旅游业的可持续发展。

【项目目标】

完成本项目学习任务后，你应该能

1. 认知乡村休闲旅游业内涵与分类

2. 掌握乡村休闲旅游业建设与管理

3. 认识乡村服务业内涵与分类

4. 掌握乡村服务业建设与管理

【项目任务描述】

本项目分为认知乡村休闲旅游业分类、建设与管理与认知乡村服务业分类、建设与管理二个任务。通过本项目任务的操作与学习，能让学员认知乡村休闲旅游业内涵与分类与乡村服务业内涵与分类；并掌握乡村休闲旅游业、服务业建设与管理等技能。通过学习，能增学员强对本项目的学习兴趣，培养学员查阅资料、观察分析、调查研究和沟通协作等能胜任岗位工作的职业素质。

任务九　认知乡村休闲旅游业分类、建设与管理

一、任务准备

(一)乡村休闲旅游业的内涵

乡村休闲旅游业是以乡村农场、农业生产成果、乡村风景、乡村文化遗产、乡村生活画面等乡村自然与人文环境为依托，以寻求都市生活不能提供的特定的乡村体验为基本目标，以旅客的城乡时空变换为基本特征的休闲体验活动。乡村休闲旅游属于乡村第三产业中乡村旅游业的范畴。

乡村休闲旅游不仅仅给当地增加了财政收入，还给当地创造了就业机会，同时给当地衰弱的传统乡村经济注入新的活力。乡村休闲旅游对乡村的经济发展有积极的推动作用，随着旅游者迅速增加，已成为发展乡村经济的有效手段。

(二)乡村休闲旅游业的类型

乡村休闲旅游迅速发展，逐渐呈现出产业的规模化和产品的多样化。基本类型大致包括以下几类。

(1)以绿色景观和田园风光为主题的观光型乡村旅游。

(2)以农庄或农场旅游为主，包括休闲农庄、观光果园、茶园、花园、休闲渔场、农业教育园、农业科普示范园等，体现休闲、娱乐和增长见识为主题的乡村旅游。

(3)以乡村民俗、民族风情以及传统文化、民族文化和乡土文化为主题的乡村

旅游。

(4)以康体疗养和健身娱乐为主题的康乐型乡村旅游。

(三)乡村休闲旅游业的发展状况

乡村休闲旅游主要以农业观光和休闲农业为主，并正向以观光、考察、学习、参与、康体、休闲、度假、娱乐等为一体的综合型方向发展。国内游客参与率和回游率比较高的乡村旅游项目是以“住农家屋、吃农家饭、干农家活、享农家乐”为内容的民俗风情旅游；以收获各种农产品为主民间传统节庆活动为内容民间传统节庆活动为内容的乡村节庆旅游等。

近5年来，我国乡村休闲旅游业发展迅速，消费群体不断扩大，已成为国内旅游的一大亮点。乡村休闲旅游虽然时间很短，伴随规模的快速扩大，转型速度很快，已开始呈现多层次、综合化、品牌化的发展趋势。一批知名的乡村旅游目的地在众多旅游景区中独放异彩。例如，黄山市以旅游立市。希望实现该市“三最”(全国最美、山区最富、生态最佳)目标，提出大力发展乡村休闲旅游业，目标是把乡村休闲旅游业作为该市旅游“二次创业”发展的新突破，使之成为“黄山旅游”之后又一世界级的品牌。

(四)我国乡村休闲旅游业存在的主要问题

现阶段，我国乡村休闲旅游业主要存在以下问题。

1.缺乏一个整体的科学规划，旅游产品单一

一些地方在发展乡村旅游时，没有将乡村旅游资源的开发纳入区域开发的大系统中，从而进行统筹安排，全面规划，而是直接将开发项目交给经营者，由经营者来自主投资与开发，从而导致有的地方出现了遍地开花和重复建设的现象，结果导致资源开发形式的单一性，特色不强，地域分布广，因而缺乏对客源市场的吸引力。

2.乡村旅游人才的匮乏，管理水平低

由于我国乡村旅游的开发和研究均处于较低层次，有许多乡村旅游项目是由村民自我管理。这些乡村旅游业从业人员缺乏必要的管理培训，市场竞争意识不强、经营理念缺乏、相关业务技能和管理经验能力不足，跟不上市场发展的要求等等一些因素，再加上更多的经营者乐意在建筑、设施、设备上花钱，而对吸引游客至关重要的一些因素，如地方特色、乡村环境、服务水平与质量等往往重视不够。从而形成了轻管理、低质量、低收入的恶性循环，严重制约了我国乡村旅游的发展。

3.乡村旅游目的地环境卫生质量亟待提高

由于开发乡村旅游的地点多处于城郊和农村，为建度假村而随意破坏生态，导致污水横流、蚊虫肆虐的现象随处可见，使旅游者感到是在花钱买罪受，因而多数

观光地都存在卫生状况差的问题，导致无法吸引大量游客。

4. 乡村旅游基础设施设备较简陋

一些乡村的设施设备的不完善导致了客源的可进入性差，主要是安全、供水、农家卫生等方面的问题，都成了体验乡村旅游的阻碍因素。例如，有些“农家乐”缺少必要的消防设施，游客在碰到了委屈之后不方便投诉，偶尔有个突发病不能及时得到救治，停车场、路标路牌模糊等一些因素。

(五)乡村休闲旅游业的建设与管理

1. 政府指导，统一规划，有效开发整合旅游资源

乡村旅游要走产业化的道路，实现可持续发展，必须在统一规划下进行改造，将现有的蛋糕做大。国内外大量事实表明，由地方政府指导开发，开发速度快，投资效益高。鉴于目前乡村旅游开发中存在的自发性、盲目性的现状，地方政府在开发时首先应进行市场调研，充分考虑客源市场、发展潜力、环境的承载力等因素，科学规划，因地制宜，合理布局，以保证乡村旅游的持续发展。

2. 改善基础设施，增强服务理念

随着国家将基础设施建设的重点转移到农村，各级政府应帮助那些有旅游资源优势和产业基础的乡村，加快解决交通、通信、供电、饮水等方面的问题。同时，要利用旅游项目的牵引，调动农民参与基础设施建设的积极性，加大对食品卫生、公共卫生等直接关系到游客身心健康的设施建设的改造力度，引导和教育乡村旅游从业人员自觉养成讲卫生、爱卫生的良好生活习惯，购置一些必要的卫生消毒设施，抓好各项卫生防范措施，为游客营造洁净、健康、卫生的旅游环境，让游客吃住放心，娱乐舒心。同时，要加强对农民的教育培训，不断提升农民办旅游的能力。

3. 提升产品内涵，打造特色产品

资源的同质化导致产品的类同化的现象普遍存在。商业化社会使一切趋于同化，但地域文化是不可替代的，一方水土养一方人。愈是乡土的愈是个性的，愈是本土的愈有特色。快速城市化的进程，使人们的压迫感更甚，渴望返璞归真来抚平内心的焦躁不安。因此乡村旅游产品应更多地融入地域的乡村民俗、怀旧的节事、农事农活、家乡菜等乡土化的素材。如杭州龙井村在采茶季节推出的“做一天茶农”，深受中外游客欢迎。对这些旅游资源深度利用，则可以整合成特色产品。

4. 注重产品宣传，完善营销网络

首先，要突出乡村意象。乡村意象在乡村旅游中所起的作用，如同城市中的标志性建筑所起作用一样，具有导向性。如江南“水乡之冠”的周庄、“小桥流水人家”的同单，以及“梦里老家”车溪，便属此类。其次，要鼓励旅行社等企业推介乡村旅游，以专业的市场促销吸引更多的乡村旅游者。另外，政府有关部门也可为乡村旅

游营销搭建有效平台，把建立包括农村家庭旅馆在内的网上预订系统作为服务工程的重点来抓，真正提升乡村旅游整体的市场化程度。

二、学习任务设计与实施

【学习任务设计】

见图 5-1。

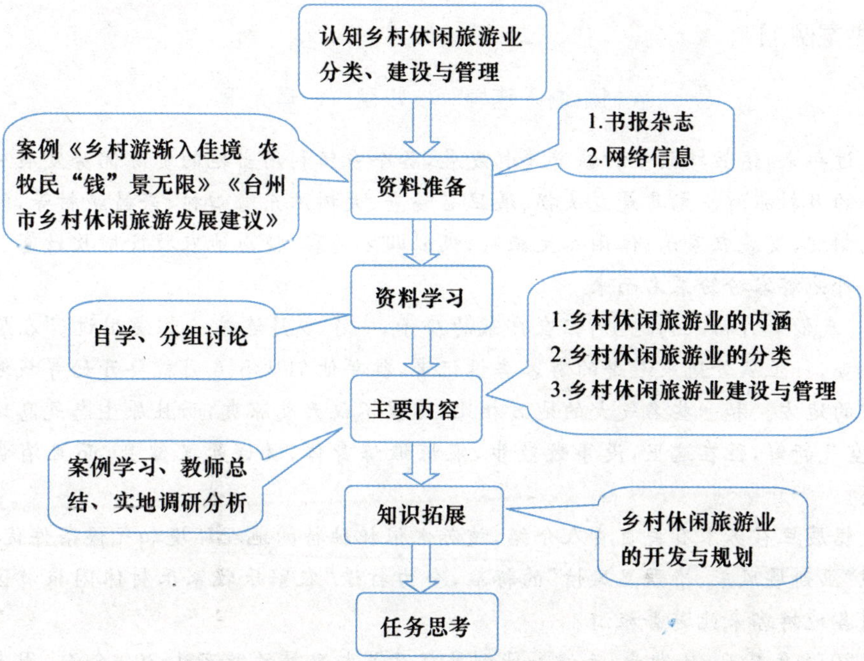

图 5-1 乡村休闲旅游业分类、建设与管理学习任务完成流程

【学习任务实施】

（1）安排学员课前通过图书馆、资料室、网络搜集有关乡村休闲旅游内涵、分类、建设与管理的有关知识。

（2）组织学员分组进行讨论，自己身边或附近的乡村休闲旅游业状况存在哪些问题，如何改变不利局面。每组写一份讨论收获。

（3）组织学员讨论案例 1，分析案例中休闲旅游业的类型，在建设与管理上采取了哪些措施。

(4)组织学员学习案例2,讨论乡村休闲旅游业建设与管理。

(5)教师对学员讨论内容、学习收获进行评价,总结主要内容。

(6)找一个乡村休闲旅游业景点进行调研,模拟案例《台州市乡村休闲旅游发展建议》,分析其存在问题,提出发展建议(不少于1 500字)。

(7)指导学员学习知识拓展内容,了解乡村休闲旅游业的开发与规划,并布置任务思考题。

【典型案例1】

乡村游渐入佳境　农牧民"钱"景无限

近年来,达拉特旗乡村旅游蓬勃发展,各个乡镇利用当地的资源优势发展风格不一的乡村旅游。尤其是龙头拐、展旦召嘎查、大树湾东海心村、兴昌渔村等,纷纷因地制宜,发展农家乐、休闲养生旅游,吸引四方游客,使当地农牧民增收致富。

外地游客纷纷慕名而来

"我们7月初来到这里,租农户家的房子,一个多月连扇子都没用过。"在展旦召嘎查,一位从外地来避暑的游客告诉记者,往年他们从5、6月就要开始寻找避暑纳凉的地方。和一些名气大的地方相比,这里不仅天气凉爽,而且原生态气息比较浓,空气新鲜,住在这里,没事散散步,锻炼锻炼身体,既娱乐又健身,而且消费也不高。

据展旦召苏木有关负责人介绍,该苏木依托独特的地理环境和气候条件优势,按照"画册展风采、情歌显风情"的标准,全力打造"农家乐牧家乐村休闲旅游区",吸引各地游客来此避暑旅游。

2014年夏天,从湖北、天津等地到展旦召苏木避暑的游客达300余人,周末游客更是络绎不绝,各式农家乐、家庭旅馆生意火爆。全年预计将接待旅客5万人次以上,旅游创收将突破200万元,乡村旅游经营户户均收入超过4万元。乡村旅游正成为农户增收致富的又一主导产业。

农民当上餐馆老板

农民是发展乡村旅游的直接受益者,在树林召镇东海心村,村民们的收入水平一直很低。而如今,一座座楼板房鳞次栉比,随便走进当地一家农家乐,里面设施设备齐全、服务功能完善,农户们忙着招呼客人、整理桌椅,忙得不亦乐乎。

据该镇相关负责人介绍,如今东海心村的农家乐已经有10多家,这些农家乐的老板大部分都是当地村民,通过发展乡村旅游,住上了楼房,获得了工作机会,自己当起了老板,乡村旅游已经成为当地吸引外出农民工返乡就业创业的"磁石"。

“这几年游客越来越多，周末基本都是爆满，平时也有十来桌，整个夏天差不多接待了上万名游客，毛收入在40万元左右。”农家乐老板李兰说。

树林召镇大树湾村民张海龙对记者说：“原来也没有什么事做，现在很多人都借助乡村旅游办起了农家乐，我也可以在那里打工，一个月有3 000元左右的工资，也算是给家里增收了。”

各种农产品“身价”渐涨

在一些村子的道路旁，乡村土鸡蛋、土鸡，农家自种的柿子、玉米等土特产品琳琅满目，很多游客返程时都会多少买上一些，村民家的农产品一下都涨了“身价”。

土鸡是农村的一大特色，很多游客到农村度假，都不忘带只土鸡。土鸡和土鸡蛋成了当地农民增收的“土宝贝”。

（资料来源：http://www.shennong.com/n/1/28/135227.shtml）

【典型案例2】

台州市乡村休闲旅游发展建议

浙江省台州市作为中国东南沿海黄金海岸线上一个年轻的海滨城市，位于浙江沿海中部，长三角经济区的最南翼，近年来日益兴起的乡村旅游活动取得了较大程度的发展。

图5-2 台州市乡村休闲旅游

一、台州市乡村休闲旅游发展现状

(一)类型丰富

台州市乡村旅游发展已经初具规模,类型多样,在乡村旅游发展中形成了上山、下乡、入海等形式多样的活动类型。

(二)政府部门主导,吸引多种资金投入乡村旅游发展

台州市政府、市农办等非常重视乡村旅游的发展,从财政投入、税收、土地金融、证照等方面全方位支持各县市乡村旅游的发展,市县都建立了"农家乐"财政专项资金用于乡村旅游提升档次,促进乡村旅游精品项目的建立。加大信贷扶持,提供"小额丰收贷款卡"等特色金融信贷服务。积极引导工商资本投资发展乡村旅游,为资本和乡村旅游企业牵线搭桥。

(三)鼓励乡村旅游创新,农业创意旅游取得成效

2012年10月13日在江苏南京召开的首届全国休闲农业创意精品推介会中,仙居花田稻草人获首届创意精品银奖。创意稻草人首先可以增加观赏价值,花田里的创意稻草人和油菜花相映成趣,是艺术美与自然美的巧妙融合。其次,稻草人也是传播农耕文明有效途径。最后,稻草人还可以带来综合效应,它为油菜花节吸引更多游人,增加旅游总收入。

(四)打造乡村旅游特色产品,塑造精品乡村旅游点

乡村文化是乡村旅游的生命,台州市围绕沿海地区农村餐饮文化特色,积极打造了一批特色品牌农家菜肴,如三门"海八鲜"、椒江"平倭庆功宴"、仙居"八大碗"等。深挖地方物产文化,打造精品乡村旅游景区,如蜜橘之乡黄岩的"中国柑橘博览园"的橘文化,临海羊岩山庄的茶文化等都是特色旅游点。

二、台州市乡村旅游发展存在的问题

(一)与市民的休闲需求相比较,乡村旅游产业发展滞后

台州市乡村旅游产业发展还在起步阶段,大多数乡村旅游企业规模小、从业人员素质不高,企业领导层缺乏大局观和发展观,不能充分认识乡村旅游产业发展的良好机遇,产业内企业规模和层次难上台阶直接决定了整个产业难以快速发展。

(二)乡村旅游产品有同质化、城市化趋势

在发展乡村旅游的过程中,很多投资者对乡村特有的文化遗产价值认识还相当缺乏。比如很多村庄农民在社会主义新农村建设时,忽视保留村庄原有的特色,

房屋建设标准化，墙体贴上白瓷砖，农村道路门前门后都铺上水泥地，认为这样的建设更加实用有效，可是这种向城市建筑看齐的模式，会使村庄失去乡土特色，从而失去自身的吸引力。

（三）乡村休闲游的游客市场尚未完全挖掘，“三大基地”建设有待加强

经过调研发现，很多市民的休闲活动还停留在短暂的一日游活动中，这与台州市着力建设的“学生农家乐乡村文化教育基地、市民休闲度假基地、老人舒心养身基地”的“三大基地”建设的目标还存在着一定的差距，需要乡村旅游目的地开发中加强深度，使得三大基地建设能真正成为台州市及福建市民养生、休闲、养老的好去处。

（四）乡村旅游投资以政府主导和企业主自有资金为主，融资模式相对单一

现实中有多种因素制约了乡村旅游产业的快速发展，具体到一个企业，技术、资金往往是其发展的关键因素，相比于其他企业，大部分乡村旅游企业技术含量并不高，所以往往主要受困于资金瓶颈，以小微企业为主的乡村旅游企业和广大小微企业一样，面临着融资难的问题。

三、台州市乡村休闲旅游发展建议

（一）推动老年乡村休闲旅游度假项目

台州市城市人口快速迈入老龄化阶段，城市资源紧张，环境污染，以及老年人对休闲生活的需要为台州市乡村养老休闲产业的发展提供了机会。乡村有丰富的养老资源，优美洁净的环境，新鲜的空气，宽阔的休闲活动场所，可供老人休闲种植的土地，丰富的农村劳动力等，这些都是城市养老没办法拥有的优势所在。在台州市农村构建由新农村养老休闲企业为主农村休闲养老基地，是探索台州市新农村建设，促进台州市城乡经济一体化的有效模式。这也是推进台州市乡村旅游往“学生农家乐乡村文化教育基地、市民休闲度假基地、老人舒心养身基地”的“三大基地”建设发展的有效途径。

（二）保持乡村休闲旅游产品乡土特色

乡村性是乡村旅游的核心所在。如何保存台州市乡村旅游持久发展的生命力必须从维护和保存其独特的乡村性入手。江浙一带自古以来就是人文荟萃之地，长期经济繁荣使得广袤的乡村一边沐浴着旖旎的田园风光，一边享受着淳朴美丽的人文风情。乡村风光风格平淡天然，就像它的原木、蛮石一样的淡然。而正如庄子所言：“朴素而天下莫能与之争美。”我们在开发乡村旅游景点时要尽可能保持乡村原有特色，使得乡村建筑、乡村布局、乡村菜肴、乡村特产等维持原有的淳朴与自

然，做到虽有人工，宛自天开。与城市休闲中的现代化、标准化区分开来，为广大市民提供回归自然、享受淳朴悠闲的心灵家园。

(三)加强乡村休闲游中的体验深度

台州市乡村旅游活动在种类上已经呈现出多样化的趋势，但这并不意味着现有的乡村旅游产品已经完全能满足城市居民的需要，我们可以向乡村旅游发展较为发达的地区学习，不断开发出新的旅游产品，或者在现有的乡村旅游产品的基础上加大其参与性，来加强游客的体验深度。比如在乡村旅游发展较为成熟的日本近年来兴起了租赁农园，即城市市民租用农民的土地种植粮食、花草、蔬菜瓜果等，利用节假日到农园作业，平时由农户代为管理。这样做既能在乡村享受劳动的乐趣，又能增长知识，还能带回无污染的绿色农产品，在关注食品安全的今天很受欢迎。

(四)拓宽乡村旅游融资渠道，鼓励各类资金加入乡村旅游开发

目前支持台州市乡村旅游发展的主要资金来源是由政府各级行政部门专项资金资助、乡村旅游企业私人投资等。其他主体，如银行等金融机构在乡村旅游投资虽然也取得了一些成绩，比如台州银行与路桥区联姻，由台州商业银行投资 2 500 万元投资修建的路桥区金泉农庄，但这与台州乡村旅游产业的蓬勃发展还有很大的差距。政府、行业协会应通过政策扶持、建桥搭路等多种形式鼓励更多民营资金进入到乡村旅游产业的发展中来，丰富台州市乡村旅游发展的层次和深度，为市民休闲提供更佳的去处。

(资料来源：http://www.lunwenstudy.com/gailv/29584.html)

四、知识巩固

乡村休闲旅游业的开发与规划

(一)乡村休闲旅游业开发的概念

乡村休闲旅游业开发是指运用一定的资金和技术，对乡村的自然旅游资源、文化旅游资源、旅游人力资源、旅游服务设施和基础设施等相关生产要素进行优化配置，使得潜在的乡村旅游资源转化为可以利用的乡村休闲旅游吸引物，从而产生旅游经济价值与社会价值，或对已利用与开发的乡村资源进行深度开发，从而提高乡村旅游资源综合价值的系统过程。

(二)我国乡村休闲旅游业开发模式

我国乡村休闲旅游业根据其资源特点及所开展的旅游活动的内容可分为以下模式：

1. 森林公园模式

对于那些区位条件好，地形多边，山峦起伏，溪流交错，森林茂密，景色秀丽，环境优良，气候舒适，面积较大的森林地段可开发为森林公署使之成为人们回归自然，休闲、度假、野营、避暑、科考和惊醒森林浴的理想场所。

2. 度假区(村)模式

指在自然风景优美、气候舒适宜人、生态环境优良的景观地带建成的，以满足旅游者度假、休闲为主要目的场所。

3. 野营地模式

野营是一种户外游憩活动，是暂时性离开都市或人口密集的地方，利用帐篷、高架帐篷床、睡袋、汽车旅馆、小木屋等在郊外过夜、享受大自然的野趣生态环境提供的保健功能，欣赏优美的自然风光并参与其他休闲娱乐活动的一项旅游活动项目。

4. 观光购物农园模式

开放成熟的果园、菜园、花圃、茶园等，让游客入内采果、拔菜、赏花、享受田园乐趣。这也是国外农业旅游最普遍的一种开发。

5. 租赁农园模式

指农民将土地出租给市民种植粮食、花草、瓜、果、蔬菜等的园地。其主要目的是让市民体验农业生产过程，享受耕作乐趣，以休闲体验为主，而不是以生产经营为目标。多数租用者只能利用节假日到农园作业，平时则由农地提供者代管。租赁农园所生产的农产品一般只供租赁者自己享用或分赠亲朋好友。

6. 休闲农场模式

休闲农场模式是一种供游客观光、度假、游憩、娱乐、采果、农作、垂钓、烧烤、食宿、体验农民生活、了解乡土风情的综合性农业区。近年来，台湾的许多会议都移到休闲农场举行。

7. 农业公园模式

按照规划建设和经营管理思想，将农田区划为服务区、景观区、农业生产区、农产品消费区、旅游休闲娱乐区等部分，开成一个公园式的农业庄园。

8. 教育农园模式

教育农园模式是将农业生产和科学教育结合的一种农业生产经营形式。农园中栽植的作物、饲养的动物、配备的家具设备及所采用的生产工艺和耕作技术等都具有较强的教育意义。教育农园可设置简单的农业"博物馆"陈列反映当地种养殖业生产历史与现状的农畜产品或图片、农具、介绍农业生产工艺技术的资料等，并可在农园内建立演示区，再现农业生产历史。这样可以增加游客对当地农业生产历史的了解，激发他们爱农、兴农、投身于我国农业建设的热情。

9. 农村留学模式

农村留学模式是指城镇居民将子女送到农村就读小学和中学，或在假期把孩子送到农村亲属家去寄宿，并参加农场作业、农村社区活动等，此即所谓的"农村留学"。这主要是为了培养青少年坚韧、朴实、健康、正直的人格。

10. 民俗文化村模式

农村某些地方具有特定的民俗风情、文学艺术、园林建设、文物古迹，如衣着、饮食、节庆、礼仪、婚恋、丧葬、喜好、禁忌、歌舞、戏剧、音乐、绘画、雕塑、工艺、寺庙、教堂、陵墓、园林等，这些都是重要的旅游资源，对城镇居民有着强烈的吸引力。可在民俗文化旅游资源丰富的地方建设民俗文化村，举行多种多样的民俗文化活动，以招徕游客观光、度假和休闲。

11. 乡村俱乐部模式

如在原来知青集中的乡村建立"知青俱乐部"；开展"知青回'家'游"；利用水库、湖泊、鱼塘、河段建立"垂钓俱乐部"；选择适宜的地方建设"乡村高尔球夫俱乐部"或"乡村高尔夫球练习场俱乐部"等形式多样的乡村俱乐部。

(三)乡村休闲旅游业规划的概念

乡村休闲旅游业规划是指根据乡村地区的旅游发展规律和具体市场特点而制定相应发展目标，以及为实现发展目标而对各项旅游生产要素所进行的统筹部署与安排。

(四)乡村休闲旅游开发与规划

1. 积极发挥政府职能，建立利益联结关系的模式

由于我国的乡村旅游起步晚，各地发展不平衡，因此政府要坚持"多予少取放活"的方针，加大政府导向性投入。同时乡村旅游又是一个系统性的工程，规划必须先行。为避免景点建设中一哄而上和雷同建设带来的弊端，政府必须发挥其主导作用，组织专家为乡村旅游把脉，对乡村旅游景点实行区域化布局和差异化的规划设计。同时，政府、企业、农民等主体在参与发展乡村旅游的过程中，要结成一定的利益关系，其中经济利益是其追求的共同目标。

2. 培养管理人才，提高乡村旅游的建设和经营水平

在目前难以引进高层次管理人才到乡村进行乡村旅游研究与管理的情况下，

发现人才、培育人才尤为重要。要把提高乡村旅游从业人员素质作为“培育新农民”的重要内容。然而农民从传统的农业产业转向旅游业，跨度很大，因而需要加以引导和培训。通过培训，造就一批守法纪、懂技术、会经营、讲诚信的乡村旅游经营人才，进而扶植一批经营水平高、经济实力强、市场信誉好、发展后劲足的乡村旅游企业。

3. 加强乡村旅游业的基础设施建设，实行规模化经营进一步完善

乡村旅游配套设施设备的建设是乡村旅游发展的当务之急。完善相关设施设备条件，全方位、综合性的开发各种乡村旅游项目。乡村旅游的基础设施主要是指基本的吃、住、行等问题，首先从吃来说，主要是发展有地方特色的饮食业，同时凡是入口的食物，都要讲究一个卫生问题；其次从住来说，没有必要搞星级酒店，但必须保持卫生、舒适，并解决洗澡等问题，最好是兴建一些具有民族特色、造价低廉的庄园式的旅舍，如“四合院”、“林间草房”等。同时也可以在一些村民家中开设一些旅馆，让游客能够吃住都在村民家中。最后从行来说，城里人下乡，怎么到达，干线公路通达性要保证，农村、农庄、林场等原有的泥路要修缮，不能雨天无法下脚。游客步行道不宜直、宽，既省投资，又符合景观、文化、生态，仅建路就很有讲究。另外，停车场、指路牌、指示牌、安全警示牌、污水垃圾处理、化粪池、用的能源等都要完善建设。

五、任务思考

(1)乡村休闲旅游业分为哪几类？

(2)乡村休闲旅游业如何建设与管理？

任务十 认知乡村服务业分类、建设与管理

一、任务准备

(一)乡村服务业内涵

乡村服务业是相对于城市服务业而言的，它是指为农民的生产和生活提供服务的各种行业，隶属于乡村第三产业。发展乡村服务业是转移农民、富裕农民、繁荣农村、促进城乡经济社会协调发展的一项重大举措。乡村服务业作为乡村产业的主要组成部分，它的繁荣和发展对拉动农村经济，增加农村就业机会，增加农民

收入都有着十分重要的作用。

(二)乡村服务业的分类

1.农业生产性服务

农业生产性服务指为乡村农、林、牧、渔业生产服务的行业,主要包括农资配送服务、农技推广服务、农业信息服务、农机作业服务、农产品质量安全服务、疫病防控服务、农产品营销服务、基础设施管护服务、劳动力转移服务以及金融保险服务等。

2.消费性服务

消费性服务指为人们进行消费服务的各种服务行业,主要包括餐饮业、现代物流业、商业、市场服务业等。

3.农村公共服务

农村公共服务指为乡村教育、社会保障、公共卫生、科技推广、信息提供等乡村公共事业提供服务的行业。

(三)乡村服务业的发展现状

近年来,农村服务业内部结构呈现出传统服务业比重下降、现代服务业比重提高的趋势。

1.总量迅速增加

改革开放以来,全国各地在积极发展传统种养业的基础上,围绕农业外部功能的拓展,积极推进以农林牧渔服务业、生态休闲观光农业、农产品流通业和农业保险为主要内容的现代农业服务业的发展,有力地加快了现代农业的建设进程,促进了农业增效和农民增收。

2.区域发展不平衡

少数发达地区农村服务业的发展,已进入以信息化为主导的阶段。多数欠发达地区,特别是贫困地区,农村服务业仍处于“工业化前的商业化阶段”,其重点仍然是传统的商贸流通业和交通运输业。

3.新型业态发展迅速

除了传统的交通运输业、商业、餐饮业、市场服务业以外,农业社会化服务业、乡村休闲旅游业、新型农村社区物业等新业态的发展也非常迅速。

4.总量仍然不足

在农村生产性服务业、消费性服务业和农村公共服务性服务业,都有突出表现。如农村金融服务体系、信息服务体系和医疗服务业发展不足等。农村服务业技术水平低、创新能力弱、产业升级慢是一个突出问题。这在传统的、低水平的交通运输业和商业饮食服务业,甚至近年迅速发展的农家乐旅游中都有典型体现。

5.规模小,专业化、社会化、产业化水平低,竞争能力弱的问题比较突出

许多地方农村服务业的发展,长期缺乏区域总体规划,处于自然发展,甚至自生自灭的状态。由此导致在区域内部,农村服务业不同行业之间缺乏协调整合,整体功能难以提高。同时,重复建设、重复投资甚至恶性竞争问题比较严重,加剧农村服务业对资金和资源的需求,妨碍其增长方式转变、产业升级和品牌建设。

(四)乡村服务业筹建

筹建乡村服务业应以市场为主导,强化基础建设,扶持龙头服务企业。发展农村服务业不能再走以政府为主导的老路,要以市场机制为主导,因地制宜,发挥优势,合理配置服务资源。

1.要强化基础性、生产型服务行业的建设,积极扶持龙头服务企业

在投资上,主要靠吸引民间资本和市场化运作,政府则要抓好公共服务和基本建设,创造宽松环境,围绕当地特色优势产业来发展配套服务业,促进农村服务业结构优化、升级、增效。

2.应整合资源,发挥科技优势

随着农村工业化的发展,不仅初级农产品的比较效益会逐渐下降,而且在农业产品的附加值构成中,纯粹的加工、制造环节所占的比重也越来越低,而服务业,特别是现代服务业中的金融、物流、信息、知识型服务业所占比重会越来越高。现代服务业是科技含量较高、信息技术比较密集的行业。在未来,以信息技术为主导的现代服务业将是推动经济增长的主要引擎。因此,在引领农村服务业发展的过程中,可以把科技工作重点放在信息、网络、人力资源开发与培养等方面,发挥资源整合、先导示范和服务支撑作用。

3.以城镇为基础平台,构建乡村综合服务体系

城镇化势必带动教育、医疗、交通、供水、供电、商业、饮食、广播电视、文化娱乐、房地产业以及环境保护等基础性服务业的发展。一些新兴服务业,如劳务中介、职业培训、信息网络、生态旅游、超市连锁、物流配送等,也会应运而生。城镇将成为人流、物流、资金流、信息流的规模化、市场化集散地。因此,农村服务业的基础平台必然要依托城镇的建设和发展,服务网络由城镇向农村辐射、延伸,逐步进村入户进行贴近农民、方便农户的服务。

(五)我国乡村服务业发展中存在的问题

1.城乡差别过大,发展速度明显滞后

由于农村经济与城市经济差距较大,农村服务业在农村经济总收入中所占的比重偏低;消化农村劳动力的能力较弱;农民从服务业得到的收益不多。因此,无

论消费层次还是消费市场，目前的农村服务业都无法与城市相提并论，农村服务业城乡差距大、发展滞后的特征明显。

2.缺乏总体规划，服务业结构不合理

由于长期缺乏总体规划，农村服务业基本处于自然发展状态。在许多地区，农村服务业虽然已经有所发展，但它在农村经济发展中的地位仍不明显，始终存在行业定位不准、档次不高、效率低下、小而散和结构不合理的问题，至今没有得到根本解决，已在很大程度上阻碍了农村服务业的健康发展。从现有农村服务业的总体情况看，经营项目仍以传统的第三产业为主，新兴的服务业不多，缺乏生机和活力；经营方式仍以单家独户的农户经营为主，经营规模小，没有形成有实力的农村服务行业，缺乏竞争力。

3.政策不够配套，新兴行业难成规模

发展乡村服务业是农业结构战略性调整的重要组成部分，政府应该制订相关的产业扶持政策，为新兴的乡村服务行业发展给予最大限度的扶持。但是，由于现行政策的不配套，长期困扰农村发展的融资渠道、农业保险、科技、信息、生产与销售服务和已转移农民社会保障问题没有很好解决，加上农村服务业发展空间有限，因此，良好的投资环境尚未建立，新兴的农村服务行业发展困难。以服务“三农”的主力军农村信用社为例：由于农户可供抵押资产有限，又缺乏风险担保机构和个人，为防范贷款风险，设置了许多贷款“门槛”。由此带来农民贷款难、贷款数额小的问题，而且贷款利率普遍高于国家贷款基准利率，对农户解决投资困难的作用不够明显。

4.区域差异较大，各地发展不够平衡

由于受经济、环境、文化、习惯等各方面因素的影响，农村服务业发展差异较大。近郊服务业的特色，是以房屋租赁、旅游业为主，行业规模大，经济效益好。譬如西湖、江干等地的“楼宇经济”；梅家坞、茅家埠的“茶楼经济”；拱墅的“会展经济”，既是当地的支柱产业，又是农民收入的主要来源。其他县(市)服务业的特色，则以交通运输、批发零售贸易业为主，难以形成行业规模，经济效益相对要差一些。从我市情况看，经济发达程度与农村服务业的发展状况成正比关系。经济发达地区的农村服务业发展更快、服务行业门类更全、得到的回报更丰厚；欠发达地区的服务业不仅基础差、发展慢，而且效益也相对较低。总之，农村经济发展的不平衡，带来了服务业发展的不平衡。

(六)乡村服务业管理

当前，做好乡村服务业管理，应重点做好以下工作。

1.加强领导，构建农村服务业发展的导向机制

一要营造发展氛围。发挥新闻媒体作用，宣传农村服务业发展的必要性、可行

性，统一广大党员干部、群众思想认识。二要加强组织领导。对农村服务业发展的重点领域，区政府确定牵头部门，统筹协调相关职能部门尽心尽责提供优质服务。三要科学合理规划。以第三产业发展规划为指导，各乡镇因地制宜制订本区域农村服务业发展规划，近期以扩大农村富余劳动力就业面为主，中期以拓展服务领域、扩大服务规模、提升服务档次为主，远期以实现城乡服务业一体化为主。

2.政策扶持，构建农村服务业发展的激励机制

放宽市场准入条件，鼓励和支持私营、个体、外资和社会力量以资金、房产、设备、技术、信息、劳务等多种形式投资兴办农村服务业，鼓励企业以名牌、名店为龙头，通过合资、联合、并购等方式，参与农村连锁网点、配送中心的建设，实现农村服务业发展机制上的根本转变；制定优惠政策，对于从事农村服务业的，在税收、土地、金融等方面享受与城市服务业企业同等待遇。

3.增加投入，构建农村服务业发展的保障机制

发挥政府资金投入的导向作用，重点加大对基础设施，科技、信息、人才、农副产品流通、专业人员与农民培训、生态环境建设等的投入；加大招商引资力度，建立滚动发展的招商项目库，推出一批具有发展前景的现代农村服务业投资项目，作为农业招商引资的重点；落实新增教育、卫生、文化等事业经费主要用于农村的规定政策，多渠道筹集实施城乡社会保障、社会救助政策措施所需资金，探索建立政策性农业保险制度；瞄准省、市专项资金支持方向，积极向上争取专项资金投入农村服务业，增强发展后劲。

4.智力开发，构建农村服务业发展的人才机制

一是要多渠道吸引高层次服务专业人才。制定面向专业人才的优惠政策，加快人力资本的积累，形成与现代服务体系相适应的人才结构。二是要加快专业人才培养。利用职业教育资源，争取大学等高等院校设立授课点或远程教育点，开展在职培训学习；择优选送一批农村服务业专业人员到专业学院深造，提高专业技能和水平。三是加强农民职业教育培训。利用人才市场、技能培训学校等已有的农民工技能培训基地，常年开展各类劳动技能培训和职业上岗培训，形成服务业梯度人力资源结构。

5.强化责任

将支持、指导农村服务业发展工作纳入各相关职能部门工作范围，各职能部门要按新形势的要求，将工作职能向农村延伸，结合实际，认真贯彻落实关于发展农村服务业的方针政策，结合工作职能，提出推动发展的措施；把常规工作与推动农村建设发展有机地结合起来，明确具体目标任务，积极整合资金项目，争取增量投入和上级扶持资金向农村服务业项目倾斜安排，切实落实好发展农村服务业涉及

本部门职能的各项工作任务。

二、学习任务设计与实施

【学习任务设计】

见图 5-3。

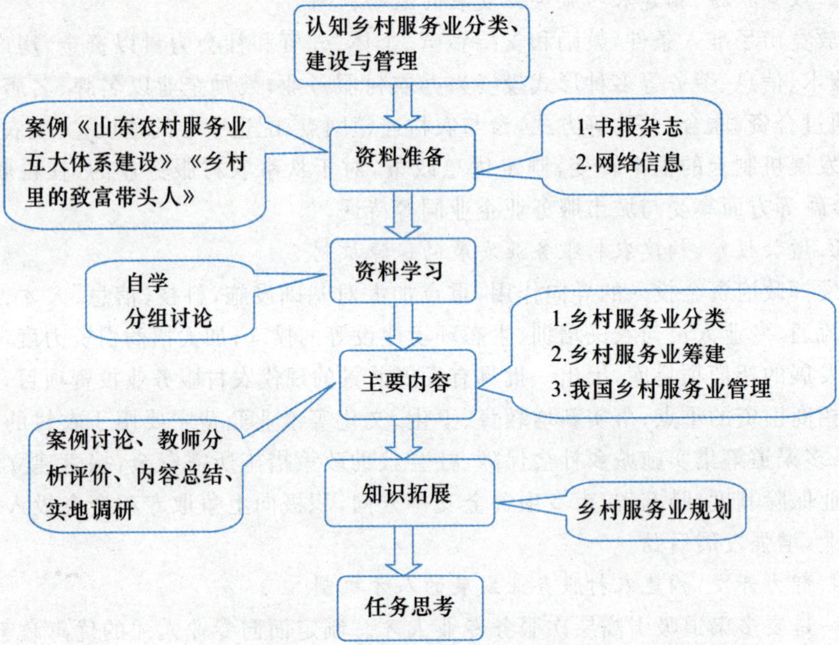

图 5-3 认知乡村服务业分类、建设与管理学习任务完成流程

【学习任务实施】

(1)课前学员通过图书馆、资料室、网络查找有关乡村服务业分类、建设与管理的相关资料。

(2)组织学员分组讨论案例 1,加深对乡村服务业建设内容的理解,各组写出学习体会。

(3)组织学员分组讨论案例 2,加深对乡村服务业管理内容的理解,各组写出学习体会。

(4)教师对各组学习体会进行分析评价,总结主要内容。

(5)结合自己附近乡村进行调研,根据所学乡村服务业管理的相关内容,针对乡村的具体情况编写该村乡村工业管理建议书(不少于1 500字)。

(6)指导学员学习知识拓展内容,了解乡村服务业规划,并布置任务思考题。

【典型案例1】

山东农村服务业五大体系建设

至2011年年末,山东省已初步搭建起以农机服务、农产品加工经营、现代流通、社区服务、农村金融为主体的五大农村社会化服务体系框架。

一、农机服务

该省初步建立了以农机合作社为龙头、农机专业大户为骨干、农机户为基础、农机中介组织为纽带的新型农机社会化服务组织体系。从2009年起,山东省就对农机规模化作业推进工程的第一批100个农机专业合作社给予600万元的奖励,同时,省财政每年还安排500万元专项资金,用于扶持专业合作社加强基础设施建设,强化技术服务手段。此外,工商、税务、金融等部门还设立了农机专业合作社注册"绿色通道",较好地解决了农机专业合作社自有资金不足的难题。到2010年年底,全省农机总动力达到1.16亿千瓦,农业生产综合机械化水平达到77%,在全国率先实现了粮食生产的全过程机械化。

二、农产品加工经营服务

2010年3月,山东省制定了《关于加快构建农村现代经营服务新体系全面推进供销合作社改革发展的意见》。目前,山东省供销社系统已建起800多处规模较大的农产品标准化生产基地,并与全国经营规模最大的50家连锁零售企业、20多家农产品专业零售企业、10多家大型批发市场和部分出口加工企业建立了农产品直供渠道,使基地农产品流通成本降低50%以上,销售价格平均高于市场5%～20%。

三、农村现代流通服务

早在2009年,该省就出台了《关于搞活流通扩大消费促进经济发展的意见》等政策文件,特别强调要努力构筑农村现代流通网络,包括实施"万村千乡"市场工程、建立完善农产品流通体系及健全农业生产资料流通体系等。今年7月,省供销总社又出台《关于推进农村现代日用品流通网络建设的意见》,从培育发展龙头公司、发展村居加盟店等方面入手,分三类情况对县域供销社日用品流通网络建设分别制定了工作标准。目前,全省已有标准化农家店6.6万个,配送中心248个,覆盖全省所有乡镇和70%的行政村,方便了农民就近购买。

四、农村社区服务

山东省建立了多种服务相衔接的新型农村社区服务体系。在生产类服务项目上，开展大田作物生产经营服务和土地托管服务，为农民提供养殖小区、农产品储存等经营服务；在生活类服务项目上，在社区中心位置建设日用品超市、农资超市。目前，全市120个农村社区中心已将所有村庄全部纳入社区化服务管理范围，真正实现了农村服务社区化。

五、农村融资服务

村镇银行、贷款子公司、农村资金互助社、小额贷款公司纷纷进入农村市场，缓解了农村银行覆盖率低、资金供给不足等问题。一批专业合作社与银行建立起资金调剂机制，成为农行等金融部门服务农民生产的桥梁和纽带。根据中国供销合作经济学会课题组的一项调研表明，供销合作系统农村金融服务已经形成了资金互助、资金融通、信用合作等多种模式和各具特色的风险控制技术。

（资料来源：http://www.nmg.cei.gov.cn/jcxx/201112/t20111231_46624.html）

【典型案例2】

乡村里的致富带头人

山东临沂市西郊有一自然村，史称小李庄，今为李庄社区。作为为党总支书记、居委会主任的赵玉玺带领社区两委班子成员同心同德艰苦创业。社区各项事业兴起发展，创建了顺和集团和天源国际物流园。

经10余年的打拼，天源国际物流园这个名不见经传的集体企业，已拥有固定资产50亿元，集物流仓储、国际贸易、电子商务、金融投资、房产开发、市场批发等业务于一体，年创利税达3亿元的现代化集团公司。如今，天源国际物流园占地1 000余亩，总投资35亿元，现有经营业户1 000余家，运营网点5 000多个，营运车辆15万部，年货物吞吐量7 000万吨，交易额600多亿元，货物配载线路覆盖全国30多个省市及港澳地区。现为国家5A级综合型物流企业，中国物流示范基地、中国物流实验基地。荣获中国先进物流企业、中国十佳物流诚信市场示范单位等荣誉称号。

为实现顺和集团的多元化，向纵深发展，赵玉玺率先提出了“模式引领”和“集群运作”的发展战略。依托自身的品牌优势、区位优势、诚信优势，实行高端跨越，走外延扩张，联合发展的战略。按照品牌输出、人才输出、管理输出、平台输出、资金输出等多种合作模式，助推全国中小物流企业转型升级，打造千亿级规模的开放式物流诚信平台，形成网络型物流仓储业务集群发展，大力实施“走出去”发展战略。在联合发展的形式上，做到三个结合：一是跨界实体经济与虚拟经济相结合。顺和集团创建了O2O全新的电子商务模式，投资10亿元建设了临沂生态淘宝城项目，集购物、休闲、娱乐、电子商务及大学生创业于一体的新型商务综合体。二是跨境物流与国际贸易相结合。顺和集团投资成立了临沂商城国际贸易服务有限公司、山东帝豪国际投资有限公司、临沂恒顺融资租赁有限公司。三是跨国投资与文化交流相结合。按照“一区多园、两地展示、双向代理、内外联动”的发展模式，顺和集团先后与匈牙利合作建成“匈牙利中国商品展示中心”、“匈牙利 chibIi 物流园”和“德国不莱梅港 ESF 物流园”。其商贸物流配送网络辐射匈牙利、德国、波兰等27个国家和地区。2013年对韩就韩国商品展销中心项目和韩国生产加工及物流园区项目正式签约。通过与韩国实相国际株式会社，杭州凹凸凹网络科技有限公司，匈牙利中欧商贸物流园区责任有限公司，卡行天下供应链管理有限公司等众多领先型企业合作发展，形成了集国际贸易展馆、国外物流园区、国际货运专线、国际贸易公司、跨境电商平台为一体的国际型物流模式。

（资料来源：http://www.xd56b.com/zhuzhan/renwu/20141223/22506.html）

案例启示：李庄社区在物流业的管理上采用联合发展战略，贸易物流配送辐射27个国家和地区，成为我国物流业中的一座丰碑。李庄社区物流业管理为我们进行乡村服务业管理提供了许多借鉴经验。

三、任务拓展

乡村服务业规划

（一）乡村服务业规划的概念

乡村服务业规划是根据乡村地区的农业生产、农民消费、乡村公共服务的具体情况和市场需求而制定的相应发展目标，以及为实现发展目标而对乡村服务业各生产要素所进行的统筹部署与安排。

（二）乡村服务业规划

1. 科学规划，城乡统筹

要使农村服务业得到合理布局和可持续发展，必须首先进行科学规划，而且要使之纳入各级政府制订的长远规划和年度计划，加大财政对于农村公共服务业和基础设施的支持强度，加大城市支持农村、工业反哺农业的力度。尤其注意要结合农村城镇建设规划和当地优势特色产业，制定农村服务业发展规划，要彻底改变轻视第三产业、忽视农村服务业发展的倾向。

2.吸引城市服务业对口支持农村服务业

积极组织和鼓励知识、信息服务行业向基层、农村倾斜发展，为农村服务业的健康发展培训本地人才，吸引人才，留住人才。在农村社区广泛建立医疗卫生、文化体育、科技培训活动中心的服务机构，建立城乡统筹的长效机制，把科技、卫生、文化等短期的下乡服务活动，转变为长留农村、持续服务的业务。

3.体制创新、打破垄断，为农村服务业发展创造良好环境

体制创新对于农村服务业的发展具有火车头的作用。关键是要发挥市场对资源配置的基础性作用，打破部门和行业垄断，放宽第三产业市场准入条件，加快国有服务业的改革转制，实现国有资产从一般竞争性服务领域的战略性退出，形成公平竞争、统一开放、规范有序、符合国际经济运行规则的市场体系。改革投融资体制，逐步取消限制民间投资的规定，放开搞活农村金融市场，发展民营金融合作组织，解决农民发展产业的资金短缺问题。

4.大力发展多种所有制形式的服务业

允许个体、民营企业进入服务业领域投资经营，积极发展合作制、股份制的服务企业。对民营企业实行与其他所有制形式企业同等待遇，进一步改善投资软环境，简化办事程序，提高办事效率，为农村服务业发展创造良好环境。

5.健全法规，依法行政，发展中介

建立、健全服务业法律体系，制定行业标准，加强质量、安全的检验和监督，加强专利权、商标权、名誉权等知识产权方面的执法。在招商引资上，政府的职能是提供良好的软硬件环境，不能再担当主角，应当走“以商招商”的路子。不断完善法规、政策，解决服务领域因不同所有制而带来的超国民待遇和非国民待遇问题，以及一些不符合 WTO 规则的政策和做法，为现代服务业的发展营造健全的法律环境和投资环境。依法行政和监督，保护公平竞争，反对垄断，公平对待国有、集体和私营服务企业。进一步发展壮大社会中介服务机构或组织，调动社会各界的积极性，做好发展第三产业的配套改革与服务。

6.培养现代服务业人才

发展现代服务业，人才是关键。在中国农村最缺的是人才。因此，要重视教育培养适应农村发展需要的专业人才，调整高等院校和职业教育的专业结构，为现代服务业多培养适用人才。加强在职培训，积极引进经营管理、市场营销、网络技术等适用人才。建立起以市场原则为基础的用人机制,完善人才激励、竞争、保障机制,鼓励、组织大中专学生到农村和城镇自主创业或中小企业就业,多方位、多渠道地为农村服务业提供人力资源支持。

7.拓展服务领域,发展农村科技服务业

科技作为第一生产力几乎渗透到各行各业。过去,农村科技服务的范围主要集中在农村第一产业上,往往忽视了对农村工业和第三产业的科技服务支撑。星火计划虽然对农村工业、乡镇企业给予了很大支持,但很少顾及农村服务业的发展。现代服务业,如知识服务业、信息服务业、现代物流业、金融保险业等行业,都离不开科技服务与支撑。即使传统的农产品加工、贸易、餐饮业等,也需要从土地到餐桌的绿色科技服务,才能保证产品的质量安全。国家倡导发展循环经济,创建节约型、环保型社会,必然要求发展绿色科技服务业,提高产业的科技含量,这将给星火科技开辟更加广阔的市场。

【典型案例3】

高淳县"十二五"现代服务业发展规划

高淳县"十二五"规划中,坚持"做强核心、提升两翼、以城带乡、突出重点"的发展思路,实施"一核、两翼、三街、四园、五带、六区"和一批重点项目作支撑的现代服务业空间布局框架。

一、"一核"

即城区服务业发展核心区。重点发展商贸流通、金融保险、商务服务、休闲旅游、文化娱乐、商业地产等服务业,培育完善行政服务、科技服务、生产服务等服务体系,打造功能新、品位高、集聚强、辐射广的现代服务业核心发展区。

二、"二翼"

(1)城东发展翼:即开发区生产性服务业集聚发展区。

(2)城北发展翼:即城北商务服务业集聚发展区。

三、"三街"

(1)以县城宝塔路为轴线的商业景观街。重点发展购物中心、综合商城、连锁超市等现代商业。

(2)以县城镇兴路为轴线的公共服务街。引导发展法律、会计、审计、税务、咨询、评估、广告、策划、社会经济商业调查、公证、劳务,经纪与代理等商务服务业。

(3)以县城北岭路为轴线的建材机电街。加快建设以建材、家具、装潢材料和摩托车、非机动车等机电产品、零配件经营为主的建材机电街。

四、"四园"

(1)开发区科技创业园。以科技创业中心为载体,打造政策优惠、行政高效、环境优美、配套设施完善的生产性服务业发展平台。

(2)新区现代物流园。围绕开发区先进制造业发展需求,加快推进新区物流园规划建设,形成集仓储、分拣、包装、加工、运输、报关和信息支持、商务服务等功能为一体的现代物流发展平台。

(3)农副产品冷链物流园。以农业龙头企业为骨干、重点项目为支撑,加快建设集收储、包装、运输、销售于一体的农副产品冷链物流体系。

(4)高淳老街民俗文化创意园。在推进高淳老街景区及筑城圩片区开发建设中,积极挖掘和引进文化元素,搭建老街文化创意平台,发展以高淳民俗文化、高淳老街文化为主题的文化创意产业。

五、"五带"

(1)现代物流产业带。由"淳溪镇—开发区—漆桥镇"为轴线构成的现代物流产业带。

(2)水上运输产业带。由"阳江镇—淳溪镇—古柏镇"为轴线构成的水运产业带。

(3)商业贸易产业带。由"淳溪镇—漆桥镇—东坝镇—桠溪镇"为轴线的商业贸易产业带。

(4)休闲度假产业带。发挥"一街二湖三山"和桠溪国际慢城等山水美景和自然生态优势,构建由现代城市新貌、湖滨风光、生态工程、农家庭院等自然风光组成的休闲度假产业带。

(5)观光旅游产业带。依托高淳历史悠久、文化底蕴深厚、文物遗址众多的旅游资源优势,加快推进高淳老街、漆桥古村落、薛城遗址、宝塔公园、真如禅寺、胥河古道、春秋固城等项目的保护性开发,形成一批具有吴越文化与高淳民俗文化、宗教文化相结合,地域特色鲜明的旅游精品。

六、"六区"

县城商业中心区、螃蟹交易、汽摩服务、日用品边贸、生产资料交易、农产品集散区。

(资料来源:http://www.njgc.gov.cn/xxgk/zwgk/fzgh/2011/06/08104513250.html)

四、任务思考

(1)我国乡村服务业分为哪几类?

(2)我国乡村服务业如何筹建、管理?

模块三
乡村经济组织建设与管理

项目六　农民专业合作社建设与管理

项目七　乡村股份合作经济组织建设与管理

项目八　乡镇企业建设与管理

乡村经济组织是指为了实现一定的经济目标和任务而从事生产经营活动的单位或群体。社会再生产过程是由具体的经济组织实施并完成的。人类社会的各种经济活动，均是在经济组织内或经济组织之间进行的。换句话说，人类社会的一切经济活动，都有一定的经济组织形式和基本单位。本模块讲述三种经济组织，即农民专业合作社、乡村股份合作经济组织、乡镇企业。通过本模块学习，认识乡村常见的经济组织，充分利用好乡村经济组织，搞好农业生产经营活动，提高农民的收入水平。

项目六　农民专业合作社建设与管理

【引导案例】

河北农民专业合作社年内将超1万家

近年来，河北省农民专业合作社步入发展“快车道”，预计到今年年底，全省农民专业合作社数量将突破1万家。

河北省村镇经济发展促进会有关负责人介绍，《农民专业合作社法》实施3年来，全省农民专业合作社发展速度明显加快，已成为加速农村发展、促进农民增收、带动农民致富的重要载体。河北省农民专业合作社广泛分布在种植、畜牧、农机、渔业、林业等各业，通过组建农户间的利益共同体，在带动农户发展农业专业化、规模化生产，参与市场竞争等方面发挥了重要的组织载体作用。

“截至目前，全省登记注册农民专业合作社已达6 000家左右。”这位负责人介绍说，河北省农村专业合作社发展迅猛，最多的时候一个月的新增注册数量就在1 000家以上，“按照目前形势发展，全省合作社数量年内将超过1万家。”

如今，越来越多的农民专业合作社从单纯的技术、信息合作走向共同的实体经营。“通过农民专业合作社，为社员统一采购生产资料，统一加工、销售产品，有效解决了单个农户生产经营中办不了、办不好的许多事情，降低了生产成本，提升了农产品附加值，增加了农民成员收入。”河北省村镇经济发展促进会有关负责人表示。

据调查，农民专业合作社成员收入普遍比当地未入社农户收入高出20%以上，有的甚至高出1倍以上。在产业合作的基础上，许多农民专业合作社积极开展资金、保险等方面的互助合作，共同分担生产经营风险，抵御自然和市场风险的能力明显增强。

（资料来源：http://news.xinhuanet.com/fortune/2010-07/23/c_13412027.htm）

案例启示：农民专业合作社发展速度较快，共同分担生产经营风险，抵御自然和市场风险的能力明显增强。学员应认识和利用农民专业合作社，来提高自己的经济效益。

【项目目标】

完成本项目学习任务后，你应该能

1. 认识农民专业合作社概念和特征

2. 掌握农民专业合作社的类型，农民专业合作社设立登记的项目

3. 理解如何规范和发展农民专业合作社

4. 了解农民专业合作社的设立条件，农民专业合作社的社员（代表）大会、理事会、监事会

【项目任务描述】

本项目分为认知农民专业合作社与设立、规范发展农民专业合作社二个任务。通过本项目任务的操作与学习，能让学员认知农民专业合作社内涵、类型与农民专业合作社的设立条件；并掌握如何规范和发展农民专业合作社等。通过学习，能增强学员对本项目的学习兴趣，培养学员查阅资料、观察分析、调查研究和沟通协作等能胜任岗位工作的职业素质。

任务十一　认知农民专业合作社

一、任务准备

（一）农民专业合作社的概念

农民专业合作社是在农村家庭承包经营基础上，同类农产品的生产经营者或者同类农业生产经营服务的提供者、利用者，自愿联合、民主管理的互助性经济组织。

（二）农民专业合作社的作用

1. 科技示范作用

科技是第一生产力，但要把科技转化为真正的生产力，却不是一件轻而易举的

事，在科技文化水平相对较低的农村尤其如此。其原因一是农村信息不灵，农民得不到及时、有效的科技信息；二是农民家底普遍薄弱，承受风险能力小，加上传统观念意识，喜欢"眼见为实"；三是有些新技术投入较大，单家独户的农民没有这种经济实力等。由此造成了科技与农民实际应用之间的"脱节"现象，而农民专业合作社则很好地承担起了这一"桥梁"作用。

2. 市场开拓作用

解决农产品"卖难"是提高农民收入的关键，而解决这一难题恰恰是农民专业合作社的"强项"。通过农民专业合作社这一组织，社员之间互通信息，调剂余缺，更为有效地拓展农产品市场，扩大农产品销售。

3. 抵御风险作用

当前，我国农业的社会化服务体系还很不完善，农民发展商品生产存在较多的不确定因素，其中既有自然风险，也有市场风险，还有农资风险、技术风险等。农民专业合作社这一新型农村合作经济组织，正是为了应对这些不确定因素而成立的。从种苗的购进到产品出售，农民专业合作社提供全程化、系列化服务，急农民所急，想农民所想，努力把农民发展商品生产的风险降低到最低限度。对一些领办农民专业合作社的农业龙头企业来说，通过为社员提供服务，与社员结成经济利益共同体，一方面可以提高社员发展生产的积极性，解决"订单农业"中存在的合同履约率低的问题，保证自己的货源；另一方面也可以变集中生产为分散生产，一定程度上化解了企业的市场风险。

4. 降低成本作用

市场经济条件下，规模效益是最大的效益。农民专业合作社把一家一户的农民组织起来，有效地提高农民的组织化程度，改变了农民在市场上的弱势地位，有利于降低农民的生产成本，提高农民收益。

5. 争取政策作用

我国政府对"三农"问题非常重视，但在市场经济体制下，政府不可能对微观经济活动进行直接调控。农民专业合作社是由从事同类产品生产经营的农民联合起来的，代表着当地农民的利益，产业的利益。通过农民专业合作社这一组织，农民有了与政府进行对话的"代言人"，政府也可以通过农民专业合作社这一载体把对相关产业的政策进行落实。我国政府目前对农业的补贴办法仍带有一定的计划经济色彩，需要进一步的改进和创新。通过发挥专业合作社等农民合作经济组织的作用，提升农业产业的竞争力将是一条可行之策。因此，虽然这一功能目前发挥得还不多，但随着农民专业合作社的发展和政府职能的转变，这一功能将逐步凸显出来。

6.助农增收作用

助农增收是农民专业合作社成立的初衷和根本目的。一个农民专业合作社办得成功与否,关键看它在助农增收上发挥了多大作用。专业合作社为农民增收的途径很多,如提高农民社员的生产技术、降低农民生产成本、促进农产品销售、对社员进行“二次分配”等。

(三)农民专业合作社的基本特征

1.成员以农民为主

农民专业合作社是在农村家庭承包经营基础上,同类农产品的生产经营者或者同类农业生产经营服务的提供者、利用者,自愿联合组建的经济组织,主体必须以农民为主。

2.以服务成员为宗旨,谋求全体成员的共同利益

农民专业合作社是以成员自我服务为目的而成立的,参加农民专业合作社的成员,都是从事同类农产品生产、经营或提供同类服务的农业生产经营者,目的是通过合作互助提高规模效益,完成单个农民办不了、办不好、办了不合算的事。这种互助性特点,决定了它以成员为主要服务对象,决定了“对成员服务不以营利为目的”的经营原则,谋求全体成员的共同利益。

3.入社自愿、退社自由

任何单位和个人不得违背农民意愿,强迫他们成立或参加农民专业合作社;同时,农民专业合作社的各位成员在组织内部地位平等,并实行民主管理,在运行过程中应当始终体现“民办、民有、民管、民受益”的精神。

4.成员地位平等,实行民主管理

各类农民专业合作社都要实行民主选举、民主决策、民主管理和民主监督,民主制定章程,严格按章程办事,在内部建立健全自我管理的运行机制,充分保障成员对合作社内部各项事务的知情权、参与权和决策权。农民专业合作社的社员享有平等的民主权利,社员大会或社员代表大会是农民专业合作社的最高权力机构。由社员大会或代表大会按一人一票的原则选出自己的理事会、监事会,作为合作社的执行机构和监督机构。理事会和监事会的主要负责人和大多数成员原则上一般应当是农民。那些自己任命自己,家长制领导,家族式管理,不经农民选举产生的理事会、监事会,不可能从根本上代表农民利益,因而也不可能成为一个合格的农民专业合作社。

5.盈余主要按照成员与农民专业合作社的交易量(额)比例返还

农民专业合作社要单独建账,明晰产权,逐步完善财务管理制度,向社员实行财务公开。农民专业合作社都应建立全体成员利益共享、风险共担的经营运行机

制。在分配盈余时，除留有一定比例的公积金、公益金和风险基金，用于巩固自身发展和应对市场风险外，其余都应按照社员交易额的比例和投资额比例分红返还给本社社员。是否进行盈余返还，这是农民专业合作社与公司制企业和其他经济组织的根本区别。如果盈余不给社员返还，那么合作社与农民的关系就只是公司加农户的买卖关系，而不是真正意义上的农民专业合作社，因此也就不会有生命力。

（四）农民专业合作社类型

1. 以生产、再生产环节为标准进行分类

按照此标准可将合作社分为四类。

（1）生产合作社。即从事种植、采集、养殖、渔猎、牧养、加工、建筑等生产活动的各类合作社。如农业生产合作社、手工业生产合作社、建筑合作社等。

（2）流通合作社。从事推销、购买、运输等流通领域服务业务的合作社。如供销合作社、运输合作社、消费合作社、购买合作社等。

（3）信用合作社。即接受社员存款贷款给社员的合作社。如农村信用合作社、城市信用合作社等。

（4）服务合作社。即通过各种劳务、服务等方式，提供给社员生产生活一定便利条件的合作社。如租赁合作社、劳务合作社、医疗合作社、保险合作社、利用合作社等。

2. 以合作社的纵向层次为标准进行分类

按照此标准合作社可分为四个层次。

（1）国际合作社联盟。国际合作社联盟是一个国际性的合作联合组织，是一个非官方的国际组织。1895 年在英国伦敦成立，现总部设在瑞士的日内瓦。其主要成员是各国合作组织的全国合作社联社、合作社联社的全国协会、设有全国性组织的地区性合作社联社组织。在消费领域有供销、保险、住宅、银行等类型的组织；在生产领域有手工业、工业、农业、渔业等类型的组织。一些国际性合作社组织也加入了国际合作社联盟。国际合作社联盟的宗旨是向全世界宣传合作思想和合作社的原则与方法，推动各国合作社事业的发展，保护各种形式的合作社的利益，保持各成员国组织间的友好关系，促进各种形式的合作社间的经济交流，帮忙和促进各国人民的经济与社会的进步发展，致力于建立持久的和平与安全。

（2）全国总社（有的国家称为“中央联社”），即一个国家的合作社总社（或简称“联合社”）。如中华全国供销合作总社、日本的全国农业协同经济组织联合会（简称“全农”）、韩国的全国农业协同组合中央会等。

（3）地方联社。指地方一级所建立的合作联合社，如省（直辖市、自治区）合作社联合社、县合作社联合社等。

(4)基层合作社。主要指在最基层生产经营单位,以生产经营者为主体,在资源基础上按合作制原则组建起来的各种类型的合作社。

(五)创建农民专业合作社示范社

农业部制定了《农民专业合作社示范社创建标准(试行)》。农民专业合作社示范社创建标准如下。

1.民主管理好

(1)依照《农民专业合作社法》登记设立,在工商行政管理部门登记满2年。有固定的办公场所和独立的银行账号。组织机构代码证、税务登记证齐全。

(2)根据本社实际情况并参照农业部《农民专业合作社示范章程》制订章程,建立完善的财务管理制度、财务公开制度、社务公开制度、议事决策记录制度等内部规章制度,并认真执行。

(3)每年至少召开一次成员(代表)大会并有完整会议记录,所有出席成员在会议记录上签名。涉及重大财产处置和重要生产经营活动等事项由成员(代表)大会决议通过,切实做到民主决策。

(4)成员(代表)大会选举和表决实行一人一票制,或一人一票制加附加表决权的办法,其中附加表决权总票数不超过本社成员基本表决权总票数的20%,切实做到民主管理。

(5)按照章程规定或合作社成员(代表)大会决议,建立健全社务监督机构,从本社成员中选举产生监事会成员或执行监事,或由合作社成员直接行使监督权,切实做到民主监督。

(6)根据会计业务需要配备必要的会计人员,设置会计账簿,编制会计报表,或委托有关代理记账机构代理记账、核算。财会人员持有会计从业资格证书,会计和出纳互不兼任。理事会、监事会成员及其直系亲属不得担任合作社的财会人员。

(7)为每个成员设立成员账户,主要记载该成员的出资额、量化为该成员的公积金份额、该成员与本社的交易情况和盈余返还状况等。提取公积金的合作社,每年按照章程规定将公积金量化为每个成员的份额并记入成员账户。

(8)可分配盈余按成员与本社的交易量(额)比例返还,返还总额不低于可分配盈余的60%。

(9)每年组织编制合作社年度业务报告、盈余分配方案或亏损处理方案、财务状况说明书,并经过监事会(执行监事)或成员直接审核,在成员(代表)大会召开的15日前置于办公地点供成员查阅,并接受成员质询。监事会(或执行监事)负责对本社财务进行内部审计,审计结果报成员(代表)大会,或由成员(代表)大会委托审计机构对本社财务进行审计。自觉接受农村经营管理部门对合作社财务会计工作的指导和监督。

2. 经营规模大

(1)所涉及的主要产业是县级或县级以上行政区域优势主导产业或特色产业。经营规模高于本省同行业农民专业合作社平均水平。

(2)农机专业合作社拥有农机具装备 20 台套以上，年提供作业服务面积达到 1.5 万亩以上。

3. 服务能力强

(1)入社成员数量高于本省同行业农民专业合作社成员平均水平，其中，种养业专业合作社成员数量达到 150 人以上。农民占成员总数的 80%以上，企业、事业单位和社会团体成员不超过成员总数的 5%。

(2)成员主要生产资料(初入社自带固定资产除外)统一购买率、主要产品(服务)统一销售(提供)率超过 80%，标准化生产率达到 100%。

(3)主要为成员服务，与非成员交易的比例低于合作社交易总量的 50%。

(4)生产鲜活农产品的农民专业合作社参与“农超对接”、“农校对接”，或在城镇建立连锁店、直销点、专柜、代销点，实现销售渠道稳定畅通。

4. 产品质量优

(1)生产食用农产品的农民专业合作社所有成员能够按照《农产品质量安全法》和《食品安全法》的规定，建立生产记录制度，完整记录生产全过程，实现产品质量可追溯。

(2)生产食用农产品的农民专业合作社产品获得无公害产品、绿色食品、有机农产品或有机食品认证。生产食用农产品的农民专业合作社主要产品拥有注册商标。

5. 社会反响好

(1)享有良好社会声誉，无生产(质量)安全事故、行业通报批评、媒体曝光等不良记录(图 6-1)。

(2)成员收入高于本县域内同行业非成员农户收入 30%以上，成为农民增收的重要渠道。

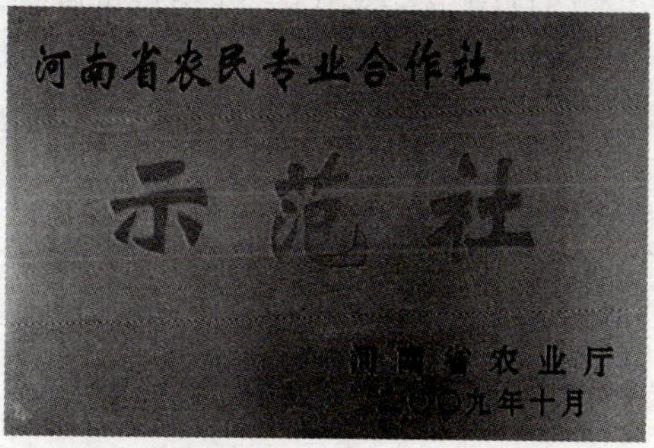

图 6-1　示范社

二、学习任务设计与实施

【学习任务设计】

见图 6-2。

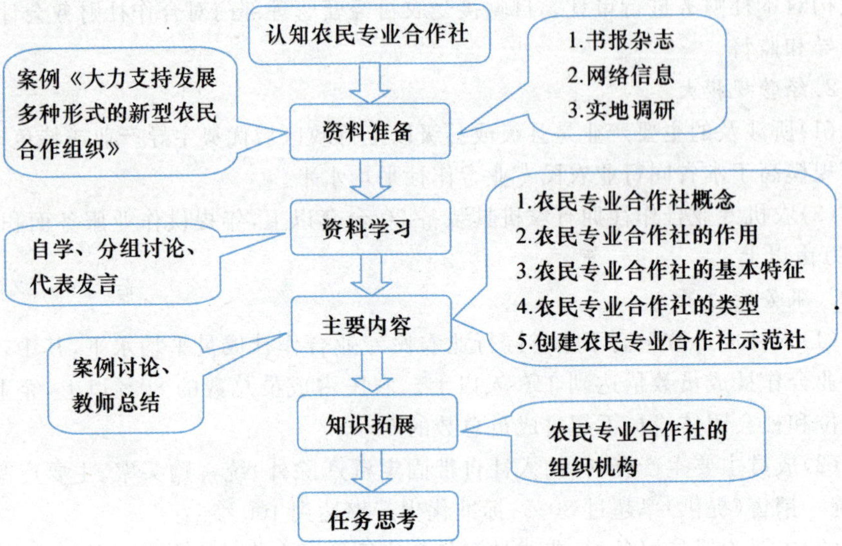

图 6-2 认识农民专业合作社学习任务完成流程

【学习任务实施】

(1)安排学员课前通过图书馆、资料室、网络与实地调研查找有关农民专业合作社作用、基本特征和类型的资料。

(2)在教师的指导下,分组讨论引导案例《河北农民专业合作社年内将超 1 万家》和案例《大力支持发展多种形式的新型农民合作组织》,说说农民专业合作社为什么发展这么快?从当地农村实际情况出发,为什么要发展农民专业合作社?我国经济新常态下,农民需要发展什么样的专业合作社?讨论结束后每组写出一份学习收获体会。

(3)每组选一名代表,在全班讲解学习途径和讨论的收获,其他组员做补充发言,全班讨论。教师组织学员讨论任务拓展内容,理解农民专业合作社的组织机构。

(4)教师对本任务内容进行进一步总结,指导学员如何创建农民专业合作社示范社。

【典型案例】

大力支持发展多种形式的新型农民合作组织

农民合作社是带动农户进入市场的基本主体,是发展农村集体经济的新型实体，是创新农村社会管理的有效载体。按照积极发展、逐步规范、强化扶持、提升素质的要求，加大力度、加快步伐发展农民合作社，切实提高引领带动能力和市场竞争能力。鼓励农民兴办专业合作和股份合作等多元化、多类型合作社。实行部门联合评定示范社机制，分级建立示范社名录，把示范社作为政策扶持重点。安排部分财政投资项目直接投向符合条件的合作社，引导国家补助项目形成的资产移交合作社管护，指导合作社建立健全项目资产管护机制。增加农民合作社发展资金，支持合作社改善生产经营条件、增强发展能力。逐步扩大农村土地整理、农业综合开发、农田水利建设、农技推广等涉农项目由合作社承担的规模。对示范社建设鲜活农产品仓储物流设施、兴办农产品加工业给予补助。在信用评定基础上对示范社开展联合授信，有条件的地方予以贷款贴息，规范合作社开展信用合作。完善合作社税收优惠政策，把合作社纳入国民经济统计并作为单独纳税主体列入税务登记，做好合作社发票领用等工作。创新适合合作社生产经营特点的保险产品和服务。建立合作社带头人人才库和培训基地，广泛开展合作社带头人、经营管理人员和辅导员培训，引导高校毕业生到合作社工作。落实设施农用地政策，合作社生产设施用地和附属设施用地按农用地管理。引导农民合作社以产品和产业为纽带开展合作与联合，积极探索合作社联社登记管理办法。抓紧研究修订农民专业合作社法。

（资料来源：http://www.cnoa360.com/news/20602217-3.html）

案例启示： 这部分内容摘自2013年中央一号文件，从中看出国家大力支持发展各种形式的新型农民专业合作社，为学员发展合作社指明了方向。

三、知识拓展

农民专业合作社的组织机构

农民专业合作社作为一个合法的市场主体，其内部要设置相应的组织机构，以保证组织的正常运行。

（一）建立健全农民专业合作社社员（代表）大会

人数少的农民专业合作社由全体社员组成社员大会。社员在150人以上的农民专业合作社，设置社员代表大会。社员大会或社员代表大会是农民专业合作社的最高权力机构。社员代表大会经授权可以行使社员大会职权。社员代表一般任期为3年，可以连选连任。

（二）建立健全农民专业合作社理事会

理事会是农民专业合作社的执行机构，负责农民专业合作社的日常工作，在同其他经济组织发生业务交往中，理事会代表合作社开展工作，有权签署经济及有关合同契约，对农民专业合作社社员（代表）大会负责。

理事会一般应由单数成员组成，以防止理事会在做出决定时出现赞成、反对各半数的僵局。理事会设理事长一人，副理事长若干人，由理事会选举产生。

理事长和理事会成员任期一般为3年，可连选连任。理事长、理事会成员任期届满未及时改选，或者理事会成员在任期内辞职，如导致理事会成员低于农民专业合作社章程规定的"法定"人数，影响合作社正常运行时，在改选出的理事长或理事会成员就任前，原理事长、理事会成员仍应当依照章程的规定，继续履行理事长、理事会成员的职责。

（三）建立健全农民专业合作社监事会

监事会是在农民专业合作社中，代表全体社员监督检查理事会和工作人员工作的监察机构。监事会也应由单数监事组成，任期若干年，可连选连任。监事会设监事长一人，由全体监事半数以上同意选举产生，任期若干年，可连选连任（人数可根据农民专业合作社章程规定具体确定）。卸任理事须待下一任期结束后方能当选监事。农民专业合作社监事长可列席理事会会议。

四、任务思考

（1）农民专业合作社的基本特征是什么？

（2）农民专业合作社社员的类型有哪些？

任务十二　设立、规范发展农民专业合作社

一、任务准备

（一）召开农民专业合作社设立大会

在农民专业合作社进行注册登记之前，首先要召开设立大会。设立大会由全体愿意加入农民专业合作社的成员参加。召开设立大会，需要完成以下事项。

1.通过全体设立人一致同意的章程

章程是规定农民专业合作社相关主体共同遵守的规定或协议。各个农民专业合作社的章程基本内容是一致的,只不过有些条款,不同合作社各有侧重。召开设立大会,全体设立人要对章程进行认真审议,最后由所有设立人在起草好的章程后面签字、盖章,表明所有设立人将在农民专业合作社运行过程中承认章程规定的所有条款,履行赋予的任务,享有相应的权利。

2.选举产生理事长、理事、执行监事或监事会成员

召开设立大会首先要由全体设立人选举产生理事长,因为理事长是合作社的法定代表人,后期的一系列活动都要由理事长主持。如果农民专业合作社设立理事会、执行监事或者监事会,在召开设立大会时也要由全体设立人选举产生。

3.形成设立大会纪要

整个设立大会是如何进行的,经过了哪几个程序,形成了哪些决定,对于这些事项要做完整的记录,这个记录就是设立大会纪要。在到登记机关进行注册登记的时候,需要提交大会纪要。设立大会纪要要有两份,一份原件和一份复印件,其中一份自己保存留作档案,另一份交登记机关。

(二)开展农民专业合作社的设立登记

工商行政管理部门(工商局)是农民专业合作社登记机关。县(旗)、县级市工商行政管理局和地区(州、盟)地级市工商行政管理局的分局,以及直辖市的工商行政管理分局负责本辖区内农民专业合作社的登记。

农民专业合作社需要登记的事项包括以下几项。

1.名称

工商登记机关主要审核名称是否合适、是否和本辖区内已登记的同类合作社名称相同、是否需要预先核准等。凡是涉及"种子生产经营、种畜禽生产经营、化肥、农药等生产资料的生产经营"需要进行登记前置许可的农民专业合作社,先在工商部门办理农民专业合作社名称预先核准,凭《农民专业合作社名称预先核准通知书》到有关部门办理登记注册的前置许可。然后再向登记窗口提交登记表格及有关材料。

2.住所

工商登记机关主要审核住所是否具备,是否有住所使用证明。农民专业合作社应当注明住所所在县(市、区)、乡(镇)及村、街道的门牌号码。

3.出资额

工商登记机关审核农民专业合作社的出资清单,并以出资清单上载明的出资总额作为农民专业合作社的出资额。

4. 业务范围

工商登记机关主要审核农民专业合作社章程中规定的业务范围是否适宜其真实的业务实际，是否有需要进行前置许可的业务范围，如“种子生产经营”等。

5. 法定代表人姓名

也就是理事长姓名。工商登记机关要审核法定代表人是否有任职资格，是否还担任其他同类农民专业合作社的理事长或管理职务，因为在法律中规定，农民专业合作社的理事长不得担任同类性质农民专业合作社的理事长、理事、监事等。

(三)取得农民专业合作社营业执照

只要农民专业合作社提交的申请材料符合法律法规的要求，登记机关就应当无条件地给予登记并发给营业执照，按照规定，农民专业合作社登记不收取任何登记费。农民专业合作社提交申请材料后，受理机关应当自受理申请之日起 20 日内，做出是否登记的决定。予以登记的，发给营业执照；不予以登记的，应当给予书面答复，并说明理由。营业执照签发日期即为农民专业合作社成立日期，农民专业合作社就成为合法的市场经营主体，就可以从事合法的生产经营活动了(图 6-3)。

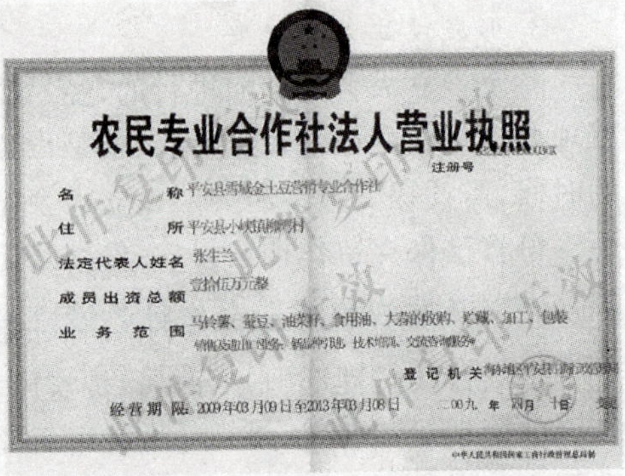

图 6-3 农民专业合作社营业执照

(四)规范和发展农民专业合作社建议应采取的措施

1. 进一步搞好法律宣传工作

有关部门应根据本地区农民专业合作社的发展情况，通过进一步加大学习和贯彻《农民专业合作社法》等农民专业合作组织相关法律、法规，使农民群众增强新型合作的理念和依法办社的意识；同时增强广大干部依法支持和促进农民专业合作组织发展的意识和能力，营造支持农民专业合作社发展的良好氛围。健全、规范民主管理制度、利益分配制度，建立健全监督机制，保证其依法经营、健康发展。通过进一步加强引导，使农民正确认识农民专业合作社，促使农民专业合作社规范发展。同时需要注意的是发展不发展农民专业合作社最终取决于农民自己的意愿，各个方面都不应下达发展指标，避免流于形式。

2. 加强农业技术推广

有关农业技术部门应该积极利用农民专业合作社这个平台。农民专业合作社的出现在合作社社员和农业技术推广人员、科研院校之间架起了桥梁，为农业科技成果的推广应用提供了研发基地和实施平台，加快了推广速度。政府有关部门应该加强引导，促使农民专业合作社和各级农技部门、农技研究所、农业技术协会以及大专院校建立技术协作关系，通过合作社的组织优势，缩短农户和农业科研机构之间的距离，推动农业科技成果的及时转化和农业技术的不断提高。同时应有意识地帮助农民专业合作社建立规范的农技推广辅助体系，加强技术含量较高的基础设施、各类示范园区的建设，为农业科技推广、科技兴农夯实基础，营造氛围。

3.加大财政专项资金的支持力度，加大信贷扶持

合作社基于其促进农村经济发展的优势，可以作为党和政府扶持农业、农村的重要对象。各级财政应在每年的预算中安排一定数量的专项资金，通过补贴和奖励的形式，来支持农民专业合作社的规范发展。同时，在信贷方面应给予积极扶持。各级政府应协调金融部门，给予农民专业合作社信贷扶持，如提供一定额度的低息或贴息优惠贷款，简化信贷手续，使合作社能够以较低的利率顺利获得发展资金。同时，在农民专业合作社的起步阶段，在农畜产品生产、流通、加工环节，农民专业合作社向其成员提供产前、产中、产后技术服务或劳务，以及从事农业机耕、病虫害防治、植保等服务方面积极落实税收优惠政策。

4.积极推进农业政策性保险，降低农业生产经营风险

为了将农民在遭受重大自然灾害时的损失降到最低，打消广大农民在生产上的顾虑，应积极发展政策性农业保险。现阶段可采取商业保险公司代办形式开展政策性农业保险。可按照“政府推动、财政补贴、商业代办、封闭运作”的指导原则开展政策性农业保险试点工作，即政府有关部门负责政策引导和宣传推动；政府财政（可考虑省、市、县三级）按保费的一定比例对保险费实行补贴，遇有大面积灾害，积累的农业保险基金（保费）不足支付赔款发生亏损时，政府财政按比例划拨予以弥补；以农民专业合作社自愿投保的原则，吸引农民专业合作社加入；可选择一家具有农险经营经验、服务网络健全的商业保险公司按照保险的基本原理，为政府代办农险业务，为农民提供农业保险的承保和理赔服务，并按照实收保费的一定比例计提管理费用；农险业务单独建账，自计盈亏，所收保费专户存储，封闭运作，独立核算，盈余结转下年使用。

5.针对农业产业状况，加大市场信息扶持

由于一方面农产品在生产上具有周期性、季节性、明显的预先投入性；另一方面消费者对农产品的要求越来越高，品种的变化也越来越快。农民由于信息不畅，对市场变化把握不够而造成跟风，形成“扎堆”的现象，从而造成商品价格的激烈变动，谷贱伤农影响了生产的稳定与农民投入的积极性。因此，一方面可通过专项补

贴的形式，引导和帮助农民专业合作社装备计算机并连接互联网，拓宽信息获取渠道；另一方面，进一步打造农业信息网、电视台农民频道等信息平台，不断提高信息的利用价值。政府有关部门在条件具备的情况下可充分发挥当今信息传输快捷的优势，加强信息的统计和公布，便于农民进行市场预测。

6.提高农民专业合作社综合素质

目前，农民专业合作社的素质普遍偏低，一些农民专业合作社在开展服务过程中存在盲目行为，严重地损害了农民群众的经济利益和专业合作社的形象。在抓好农民专业合作社建设中，要以提高农民专业合作社整体素质为目标，不断提高农业综合生产能力，以更好地应对各种挑战；政府部门要建立健全激励机制，对在发展本地农村经济和发展农业产业化方面做出重大贡献的农民专业合作社进行重点扶持，对成绩显著的个人要给予精神鼓励和物质奖励，以促进全社会涌现出更多高素质的农民专业合作社和优秀的农民专业合作社管理人才。

二、学习任务设计与实施

【学习任务设计】

见图 6-4。

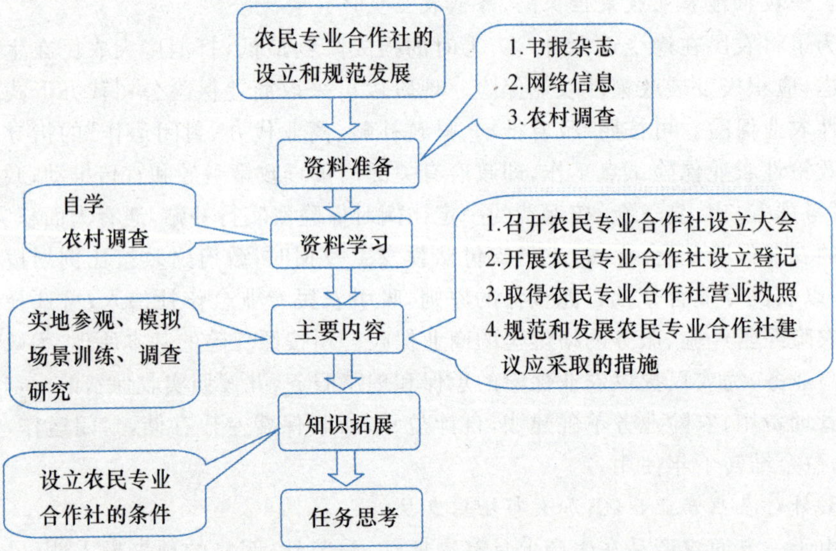

图 6-4 农民专业合作社的设立和规范发展学习任务完成流程

【学习任务实施】

(1)安排学员课前通过图书、资料、网络、实地调查等各种途径查找农民专业合作社设立程序、规范和发展农民专业合作社有关内容。

(2)教师指导学员到工商局参观,看看是如何办理农民专业合作社营业执照的。

(3)教师指导学员模拟召开农民专业合作社成立大会,通过全体设立人一致同意的章程,选举产生理事长、理事、执行监事或监事会成员,形成设立大会纪要。

(4)教师指导学员分组调查本地农民专业合作社发展情况、本地农民对合作社有什么样的需求、提出发展农民专业合作社应采取的措施和建议,每组写出一份调查报告(不少于 1 500 字)。

(5)安排好每组学员的拓展学习,用课后作业与课前提问的方法完成知识巩固。教师对每组进行学习途径和学习方法评价,指导学员掌握农民专业合作社的设立。

三、知识拓展

设立农民专业合作社的条件

设立农民专业合作设必须具备以下条件。

(一)有 5 名以上符合规定的成员

《农民专业合作社法》既规定了成员的数量,也对成员的资格做了规定(图 6-5)。

1. 成员数量

成立农民专业合作社要有 5 名以上的成员,即成员最少 5 名,对于上限则没有限制。

2. 成员资格

《农民专业合作社法》规定:"具有民事行为能力的公民,以及从事与农民专业合作社业务直接有关的生产经营活动的企业、事业单位或者社会团体,能够利用农民专业合作社提供的服务,承认并遵守农民专业合作社章程,履行章程规定的入社手续的,可以成为农民专业合作社的成员。但是,具有管理公共事务职能的单位不得加入农民专业合作社。"成员资格有两大类。

图 6-5 社员证

(二)有符合规定的章程

设立农民专业合作社，必须制定章程，且章程必须符合法律的规定。《农民专业合作社法》规定了农民专业合作社章程的必备事项。

(三)有符合规定的组织机构

1.成员大会、成员代表大会

成员大会是农民专业合作社的必设组织机构，无论成员多少，都要有成员大会。成员总数超过150人，可以按照章程规定设立成员代表大会。成员大会、成员代表大会是农民专业合作社的权力机构，有权决定农民专业合作社的一切重大事项。

2.理事长、理事会

理事长是农民专业合作社的必备组织机构之一，无论农民专业合作社的规模大小、成员多少，也无论有无理事会，都必须设立一名理事长。理事长对成员大会负责，依照《农民专业合作社法》和本社章程行使职权。农民专业合作社是否设立理事会由章程或成员大会决定。一般情况下，成员人数比较少的，可以不设理事会。成员人数比较多的，可以设理事会，理事会由理事长和理事组成。

3.执行监事、监事会

执行监事、监事会是农民专业合作社的监督机关，对合作社的财务和业务执行情况进行监督。执行监事是指仅有一人组成的监督机关，监事会是指由多人组成的团体担任的监督机关。执行监事、监事会不是农民专业合作社的必设机构，也就是说可设可不设。是否设执行监事或者监事会由合作社在章程中规定。一般来讲，合作社设执行监事的，不再设监事会。

执行监事或者监事会成员，由成员大会从本社成员中选举产生，依照《农民专业合作社法》和章程的规定行使职权，对成员大会负责。需要注意的是，理事长、理事、经理、财务会计人员不得担任监事。

(四)有符合法律、行政法规规定的名称和章程确定的住所

1.名称

名称是一个农民专业合作社的称谓，选择合作社名称必须符合法律、行政法规的要求，即要规范。一般要包括：地名(行政区划)、字号、产品(体现行业特点的词汇)、专业合作社。

2.住所

住所是农民专业合作社的办公所在地。农民专业合作社可以以自有场所为住

所，也可以通过租赁的方式取得住所，但无论通过什么方式取得住所，必须能够提供住所的使用证明。

（五）有符合章程规定的成员出资

一定的资金数量是农民专业合作社开展各项业务的基础。虽然《农民专业合作社法》中没有规定成员必须出资，也没有规定最低注册资本数额，但为了提高农民专业合作社的实力，更好地为社员服务，推进农民专业合作社的持续健康发展，一般来讲，各个农民专业合作社都会在章程中规定成员的出资数量、出资形式等（图 6-6）。

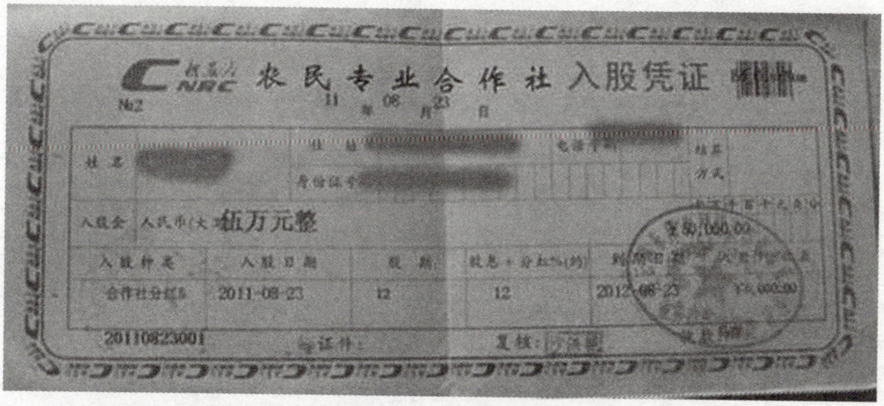

图 6-6 入股凭证

四、任务思考

(1)农民专业合作社设立登记的项目有哪些？

(2)如何发展和规范农民专业合作社？

(3)农民专业合作社设立条件是什么？

项目七　乡村股份合作经济组织建设与管理

【引导案例】

社区股份合作公司是啥

简单来说，社区股份合作公司是“农村集体经济组织”的进化产物。股份合作制中的“股份”，承认并且明确了劳动者的个人财产权；股份合作制中的“合作”，使制度继续保持了“集体经济”的公有制性质——生产资料归劳动者集体所有。这样做，能实现建立在劳动者个人财产权基础上的集体占有，使“集体财产等于个人财产之和”得以成立。

1987 年和 1988 年，国务院先后将浙江省温州地区、安徽省阜阳地区、山东省淄博市列为全国农村股份合作制改革试验区后，以股份合作制为操作形式的农村集体经济组织如同雨后春笋，在长江三角洲、珠江三角洲区域也大量出现。

由于区位优势独特，广东省农村集体经济实力强大，发展条件优越。20 世纪 90 年代初，深圳市宝安县万丰村、横岗镇走农村股份合作制的自发改革之路，农民开始走上了富裕的道路。以之命名的“万丰模式”、“横岗模式”成为中国农村股份合作制的典型模式之一。

在江苏的苏南地区，大批人民公社时期遗留下来的小工厂、小作坊，在改革开放的政策支持下变身乡镇集体企业，开始迅速发展，形成了建立在农村股份合作制上的“苏南模式”。

特别值得一提的是江阴市华士镇的华西村。在村支部书记吴仁宝的带领下，华西村进入了一个飞速发展的阶段，急剧扩大的生产规模和经济增长的速度令人瞠目结舌，成为全国闻名的一个“样板村”。

纵观 20 世纪 90 年代至今的中国农村现状，股份制正持续激发村级集体经济的活力。无论是过去农村集体经济的自发改革，还是社会主义新农村建设，还是当下的第二批农村改革试验区，都能发现股份合作制的身影。

（资料来源：http://news.ifeng.com/a/20140902/41824086 _ 0.shtml）

案例启示：乡村股份合作制是农村经济改革的产物，股份制正持续激发村级集体经济的活力，应充分利用股份合作制来发展农村集体经济。

【项目目标】

完成本项目学习任务后，你应该能

1. 掌握股份合作制的概念和特点，股份合作制的股份内容和股份设置
2. 正确把握股份合作制的股权管理
3. 理解股份合作制和股份制的区别
4. 了解股东大会、董事会、监事会、经理的职权

【项目任务描述】

本项目分为认知乡村股份合作经济组织，组建、管理乡村股份合作经济组织二个任务。通过本项目任务的操作与学习，能让学员认知股份合作制的特点、股份合作制的股份内容和股份设置；并掌握股份合作制的股权管理等。通过学习，能增强学员对本项目的学习兴趣，培养学员查阅资料、观察分析、调查研究和沟通协作等能胜任岗位工作的职业素质。

任务十三　认知乡村股份合作经济组织

一、任务准备

（一）股份的概念及其特点

1. 股份的概念

股份是指一个企业的资本所划分资产的均等的份额。股份有两方面的含义：一是股份是构成股本的成分，并且是股本的计量单位，股本总额等于全部股份金额的总和；二是股份是股东权利义务的来源，并且是股东权利义务的计量单位，每个股东的权利义务在全部股东权利义务的相对地位等于其拥有的股份在全部股份中

所占的比例。

2.股份的特点

(1)股份平等性。所谓的股份平等性,一是体现在股份所代表的资本额相等,同次发行的同种类股份,其发行条件及价格相同。即每股票面金额一律相等;二是体现了同一种类的股份每股所包含的股东权利义务的一律平等,即同股同权。股份的划分一般是多量而少额,以便社会公众的购买,有利减少或分散公众的投资风险。

(2)责任有限性。股份制企业持有股份的股东,其投资风险仅限于他所认购的股份金额,对企业所欠债务没有连带清偿的责任。企业债权人只能对企业资产提出要求,企业法人只能以企业本身的全部资产对所欠债务负责,股东的其余财产与此无关,企业债权人也无权直接向股东起诉。

(3)股份流动性。持有股份制企业股份的股东,一旦对企业投资,一般情况下不能收回投资,但是却能按企业章程规定通过对股票或股权证书的买卖而转让其所持有的股份,股份也可以在章程规定的要求下转让、抵押、继承,所以股份具有流动性的特征。一般而言,股份制企业的股份一经认定,认股人不得要求退股,因此说股份投资是一种风险投资。

(4)股份表现为有价证券。股份制企业的股份采取股票形式(定向募集公司用股权证代替股票),股票是公司签发的证明股东按其所持股份享有的权利和承担义务的书面证明,是股份的证券形式,其实质内容是股份。因此,股票可以像其他有价证券一样自由转让,合法取得股票者即取得股份权益(图 7-1)。

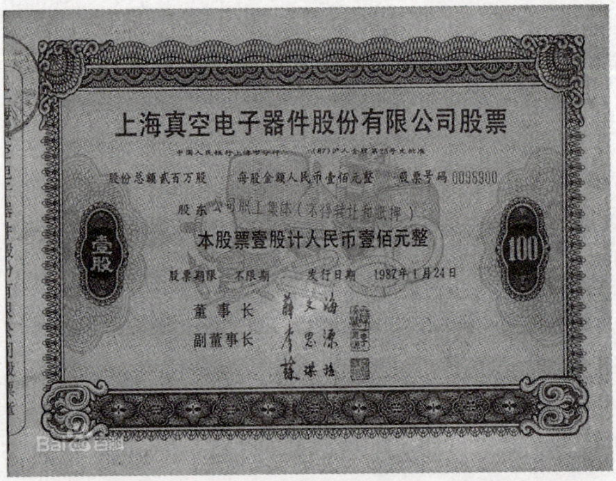

图 7-1 股票

(5)股份不可分性。股份是构成股份制企业资本的最小单位,不可再分,否则无法依据它行使股东权。股份可以共有、共同分享权力,但必须由一个人行使股东权。

(二)股份合作制的概念和特点

1.股份合作制

股份合作制是以合作制为基础,吸收股份制的一些做法,劳动者的劳动联合和资本联合相结合形成的新型企业的组织形式。

2.股份合作制的特点

股份合作制的特点表现为:劳动者的劳动联合与劳动者的资本联合相结合,股东大会与职工大会合二为一,按劳分配和按股分红相结合。股份合作制企业有以下特点。

(1)股份合作制企业是独立的企业法人。股份合作制企业必须符合《民法通则》规定的企业法人的必备条件,依法定程序设立,能够独立承担法律责任。

(2)股份合作制企业的职工劳动者与企业财产所有者的身份是统一的。股份合作制企业的股东主要是本企业的职工,原则上不吸收其他人入股。企业职工既是出资者又是劳动者,共同出资、共同劳动、共担风险,因此,它不同于传统的集体所有制经济模式。在股份合作制企业中,企业职工的所有者身份并不是工作在集体企业中而天然地成为所有者,而是通过购买折成股份的企业原有集体资产或直接向企业投资入股的途径实现的。企业职工中途离开企业,通过将自己的股份转让给企业内部其他职工而实现作为出资人的基本权益。但是企业职工入股实行自愿,应鼓励和采取优惠办法吸引职工投资入股,不得强行要求职工入股。

(3)股份合作制采取一人一票制管理。股份合作制企业依法设立股东会、董事会、监事会、经理等现代企业的管理机构,企业职工通过职工股东大会形式实行民主管理。股份合作制企业的职工股东大会既是企业的股东大会,又是企业的职工代表大会,是股份民主和劳动民主的适当结合,是企业职工参与企业民主管理最有效的形式。一般采取一人一票制,即职工股东享有平等的表决权、选举权和被选举权(而不是以持股多少来定)。

(4)股份合作制体现了劳动合作和资本合作的有机结合。在股份合作制企业中,职工既是企业的劳动者,又是企业的出资者,这种企业在合作制的基础上吸收了股份制的做法,是促进生产力发展的公有制实现形式之一。

(5)股份合作企业兼顾营利性和企业职工间的互助性。作为一种企业,它是以营利最大化为目的,但营利性不是其追求的唯一目标,企业职工间的互助性是推动这一新型经济组织形式发展的直接原因;企业在取得适当营利的同时,始终将提高劳动者的业务素质、互助一定范围的利益群体、满足职工对物质和精神生活的更高层的需要作为又一重要目标。

(6)股份合作制企业实行按资分配和按劳分配相结合的分配方式。股份合作制企业的职工既是股东又是劳动者，所以其取得收入的途径有两种：一是工资收入，实行按劳分配，多劳多得；二是资本分红，按其入股多少决定；从税后企业利润中取得，同股同酬。

(三)股份合作制与股份制的区别

股份合作制与股份制一般有以下几点区别。

1.企业性质不同

在合资方式上，股份制一般仅是资本的联合；而股份合作制是在劳动合作的基础上的资本联合，是资本与劳力的双重结合，企业职工共同劳动，共同占有和支配生产资料。

2.企业类型不同

在适用范围上，股份制作为现代企业的一种资本组织形式，任何企业都可以实施股份制方式的改制；而股份合作制是目前我国城乡群众在改革中产生有新事物，是公有制的组成部分。大、中型企业不适宜实施股份合作制改制，对于小型企业则比较适合。

3.投资主体不同

股份制企业面向社会募集股份，而股份合作制企业则不向社会募集股份，而是向企业内部募集股份。股份制的投资主体可以是任何自然人、法人，而股份合作制的投资主体只能是本企业职工，企业之外的自然人和法人不能对实施股份合作制改制的企业实施参股，这体现了股份合作制资本和劳力双重结合的性质。

4.表决方式不同

在表决方式上，股份制实行一股一票制，股份越多，表决时越有发言权；而股份合作制则实行一人一票制，企业实行民主管理，决策体现多数人意志。

5.分红方式不同

在分配方式上，股份制实行按股分红；而股份合作制除了按股分红外，还可以按劳分红。可见，股份合作制在收益分配上具有灵活性。

6.转让股份不同

在股份的操作上，股份公司的个人股份经批准可上市交易；而股份合作制的职工个人股不得上市交易，企业职工利益共享，风险共担。

7.股权设置有差异

股份制企业自己不能持有自己的股份。股份合作制企业自己持有自己的股份，职工有分红权，所有权归企业。有企业集体股、职工集体股。

当然，股份制与股份合作制也有共同的地方，如资本采取股份形式，股东以其认购的股份承担有限责任，企业以其全部资产独立承担民事责任等。

二、学习任务设计与实施

【学习任务设计】

见图 7-2。

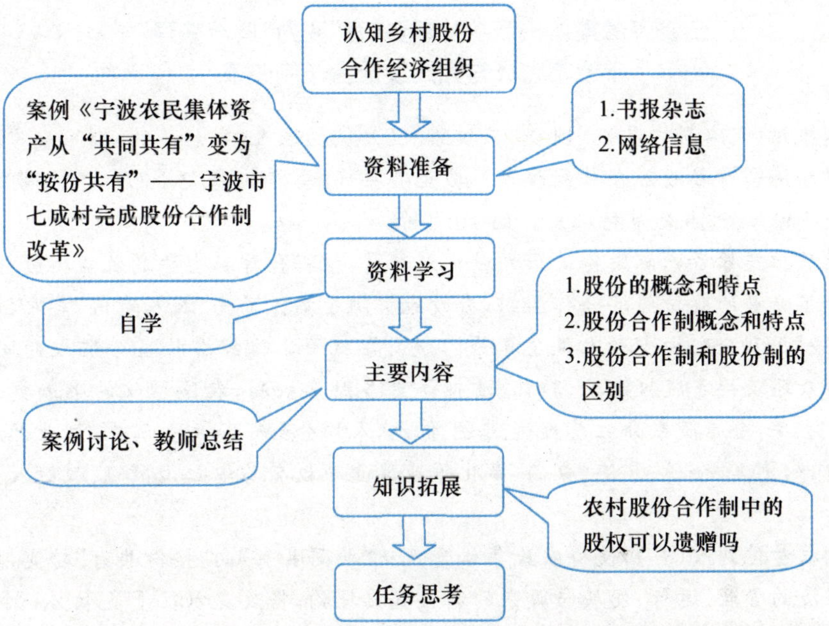

图 7-2　认知乡村股份合作经济组织学习任务完成流程

【学习任务实施】

(1)安排学员课前通过图书馆、资料室或网络查找股份合作制的特点、股份合作制与股份制的区别有关资料。

(2)在教师的指导下，分组讨论引导案例《社区股份合作公司是啥》和案例《宁波农民集体资产从“共同共有”变为“按份共有”——宁波市七成村完成股份合作制改革》，说说乡村集体经济为什么要进行改革？乡村股份合作制为什么应运而生？从当地农村实际需要出发，如何对乡村集体经济进行改革？讨论结束后每组写出一份学习收获体会。

(3)每组选一名代表,在全班讲解学习途径和讨论的收获,其他组员做补充发言,全班讨论。

(4)教师组织学员讨论任务拓展内容,正确理解股份合作制。

(5)教师对本任务内容进行进一步总结,指导学员正确理解股份合作制。

【典型案例】

宁波农民集体资产从“共同共有”变为“按份共有”
宁波市七成村完成股份合作制改革

本报讯(记者孙吉晶) 围绕“三权到人(户)、权跟人(户)走”的目标,我市有序推进村经济合作社股份合作制改革。截至去年底,全市新完成1 373个村股改,累计完成1 987个,占全市村社总数的70.2%。

股改把集体资产以股份的形式量化到社员,根据合作社当年的收益按股分红,并建立了新型的股份经济合作组织,有效地解决了集体资产“人人有份”却“人人无份”、农村福利分配由少数人说了算等问题。在赋予集体经济收益分配权的同时,农民群众还获得了股权继承、转让、质押等更多财产权利,农民增收的渠道更加多样化。去年,全市股东分红总额达到21亿元,人均分红730元。江东、江北开展了股权质押,慈溪、余姚、宁海、象山、奉化等地建立产权交易中心,拟将股权纳入交易内容。

股权量化到人(户),使得农民集体资产从“共同共有”向“按份共有”转变,实现集体经济的管理、运行、发展与股东的利益直接挂钩,将改变以往干多干少一个样、管好管坏无风险的状况。“股改后,村村有本‘明白账’,社员的积极性高了,凝聚力更强了。”宁海胡陈乡联胜村股份经济合作社首任董事长胡余纪说。目前胡陈乡18个村已全部完成股份经济合作制改革,在全县率先实现“资产变股权,社员当股东”。

市农业局经管处有关人士表示,通过改革,股份经济合作社还借鉴现代企业的法人治理结构,建立股东(代表)大会、董事会、监管会相互支持又相互制衡的组织,完善一系列的管理制度,不仅约束干部权力,而且提高了集体经济管理的规范性和科学性,为提高集体资产管理水平,发展壮大集体经济提供制度保障。

(资料来源:http://nb.zjol.com.cn/system/2015/02/03/020495497.shtml)

案例启示：宁波农民集体资产从“共同共有”变为“按份共有”，提高了集体经济管理的规范性和科学性，提高了集体资产管理水平。

三、知识拓展

农村股份合作制中的股权可以遗赠吗

【案情】

广州市黄村在1993年就开始探索实行了经济股份合作制，将本村用于发展生产的固定资产（包括土地）和生产资金全部折股成立了黄村经济合作联合社。本村年满16周岁以上，有正式农业常在户口的村民按农龄取得股权成为股东，农龄从年满16周岁起计一股，以后每满一年计算一股。在1967年1月1日起至1993年6月30日止，历次由村安排农转居、结婚和其他迁出的人，本村户口迁出的现役军人，迁出时年满16周岁以上的人员可计算农龄年限按每股200元折股值入股。同年8月，首届股东代表大会通过了黄村经济股份合作制章程，对折股、股权的确认、股红分配、组织管理等问题进行了规定，其中第18条规定，股权可以由持股人的直系亲属办理继承，如无直系亲属的，待其寿终后一次性补回按股值50%的抚恤补助金，股红分配发至其寿终当季截至。

郑某原是本村的村民，在1991年由该村安排农转居，1993年7月其按每股200元缴纳股值取得该社25股的股权。郑某一生未婚，也未有子女。为了解决赡养问题，其与侄子郑某在1994年12月签订了遗赠抚养协议，约定由郑某负责照顾他的生活，在他去世后郑某有权继受他在黄村经济合作联合社的股权和应得未得的分红。2004年2月4日郑某去世，郑某在办理完后事后即向黄村经济合作联合社要求承受郑某名下的股权及红利，黄村经济合作联合社以郑某和郑某的遗赠抚养协议违背了黄村经济股份合作制章程，拒绝了郑某的要求，郑某遂在同年7月向法院起诉。

【审判】

法院经审理认为：广州市黄村经济股份联合社是属于农村集体所有制自治组织。从该联合社制定的《黄村经济股份合作制章程》的内容来看，该社社员所持有的股权，无论在取得形式和具体性质上，都明显有别于股份公司的股权，因而不能将其等同于股份公司的股权看待。由于确定股权的取得，股红分配及股权的继承的黄村经济股份合作制章程是由村民代表大会通过，因而全体社员均应遵守。根据黄村经济股份合作制章程规定，社员死亡后，其股权只能由直系亲属继承，而郑某生前与郑某达成《遗赠扶养协议》，以遗赠的形式将其拥有的股份遗赠给郑某，显然违反章程的规定，有损集体的利益。因而郑某现根据《遗赠扶养协议》的约定，要求继受郑某所拥有的25股股权，依据不足，不予支持。据此，法院于2004年12月17日做出判决：驳回郑某的诉讼请求。

郑某不服，向广州市中级人民法院上诉，请求撤销原判，支持他的诉请。

广州市中级人民法院认为：黄村经济股份联合社不是公司，而是该村村民委员会建立的以本村的集体资产（包括土地）全部折股而组成的新的产权组织形式，其性质仍是农村集体所有制经济组织，各个股东所持的股份数也不是以出资额计算而是以农龄计算。所以，为了保证集体财产的完整性，黄村经济股份联合社经由股东代表大会通过黄村经济股份合作制章程，将股东限制为本村村民，或者在特定期间内迁出的原住村民，并且规定股东对这部分股权不能抽走，不得转让、买卖，只能由直系亲属继承。该限制条款符合我国农业法规的有关规定，合法有效。郑某作为股东，有义务遵守该章程。而其却在该章程通过后与郑某签订遗赠扶养协议，约定在其死后将其持有的股权遗赠给郑某，违反了该章程第十八条关于股权只能由持股人的直系亲属办理继承的规定，属无权处分，事后亦未得到黄村经济股份联合社的追认，故该约定无效，不能作为郑某继受郑某所持股权的依据。原审法院判决驳回郑某的诉请并无不当，予以维持。对郑某要求继受郑某生前应得红利的请求，根据黄村经济股份合作制章程的规定，黄村经济股份联合社应当在郑某寿终后发放其的红利至2004年的第一季度，故该红利是郑某的个人合法财产，郑某有权予以继受。郑某对红利的请求理由成立，原审法院驳回郑某的诉请处理不当，予以纠正。因此，黄村经济股份联合社应当向郑某支付2004年第一季度的红利。以每股红利340元计算，黄村经济股份联合社应当支付郑某红利2 125元（即340元×25股÷12个月×3个月）。综上所述，原审法院认定事实部分不清，处理部分不当，应予以纠正。依照《中华人民共和国民事诉讼法》第一百五十三条第一款第（三）项的规定，该院于2005年6月判决如下：

（1）撤销广州市芳村区人民法院（2004）芳法民——初字第421号民事判决。

（2）黄村经济股份联合社向郑某支付股红款2 125元。

（3）驳回郑某的其他诉讼请求。

（资料来源：http://www.110.com/falv/falvanli/jingjifaanli/htfal/2010/0723/168261.html）

四、任务思考

（1）股份合作制的特点有哪些？

（2）股份合作制和股份制的区别有哪些？

任务十四　组建、管理乡村股份合作经济组织

一、任务准备

（一）股份合作制企业设立的方式

股份合作制的组建形式从发售企业股份、缴足股本的方式来讲，有两种设立方式，分别是发起设立和募集设立。

1.发起设立方式

发起设立方式是指企业发起人设立，企业股份只由发起人认购，既没有折股，也没有招股，不向企业发起人之外的任何人募集股份而设立的企业。

这类股份合作制企业主要是指农村中新组建的企业，它是由两个以上的企业法人或个人作为发起人，通过集资入股的方式，采取各种生产要素的联合而从事生产活动的。采取发起式设立的股份合作制企业，在组织上比较集中，一定程度上侧重于合作制企业的性质。

2.募集设立方式

募集设立方式主要是企业由发起人发起，通过折股、扩股等形式，向内部或向社会公开募集股份，把企业的股份除由发起人认购一部分外，其余向发起人以外的法人或个人出售，以缴足股本而设立的企业。

（二）股份合作制企业的股份设置和募集股份

1.股份内容

所谓股份内容，是指股东的出资方式，又称股东的出资形态，即股东可以何物投资入股。股份合作制的股份内容可分为以下几种。

(1)股东以货币出资。股东以货币出资时，应当将其出资的货币足额直接交付给企业或存入在银行开设的临时账户。

(2)股东以有形资产出资。股东以实物出资时，必须进行作价评估，并依法办理转移财产或者使用权的手续。

(3)股东以无形资产出资。股东以工业产权、非专利技术、土地使用权等无形资产出资入股的，同样需要依法办理财产权（所有权或使用权）转移手续。

2.股份设置

股份设置是指明确股份合作制企业应设置哪些股份，以及不同股份拥有怎样

的权利和义务。企业股份合作制的股份设置涉及一系列较为复杂的问题，公平合理地确定股权，明确参股各方在企业财产总额中所占的份额，是实行股份合作制的基础。

股份合作制企业的股份设置按照股东的权利和义务划分，可分为普通股和优先股。

(1)普通股。指的是在公司的经营管理和营利及财产的分配上享有普通权利的股份，代表满足所有债权偿付要求及优先股东的收益权与求偿权要求后对企业盈利和剩余财产的索取权。它构成公司资本的基础，是股票的一种基本形式，也是发行量最大，最为重要的股票。目前在上海和深圳证券交易所交易的股票，都是普通股。普通股股票持有者按其所持有股份比例享有以下基本权利。

公司决策参与权。普通股股东有权参加股东大会，并有建议权、表决权和选举权，也可以委托他人代表其行使其股东权利。

利润分配权。普通股股东有权从公司利润分配中得到股息。普通股的股息是不固定的，由公司盈利状况以及其分配政策决定。普通股股东必须在优先股股东取得固定股息之后才有权享受股息分配权。

优先认股权。如果公司需要扩张而增发普通股股票时，现有普通股股东有权按其持股比例，以低于市价的某一特定价格优先购买一定数量的新发行股票，从而保持其对企业所有权的原有比例。

剩余资产分配权。当公司破产或清算时，若公司的资产在偿还欠债后还有余额，其剩余部分按先优先股股东、后普通股股东的准许进行分配。

(2)优先股。优先股是“普通股”的对称。是股份公司发行的在分配红利和剩余财产时比普通股具有优先权的股份。优先股也是一种没有期限的有权凭证，优先股股东一般不能在中途向公司要求退股（少数可赎回的优先股例外）。

优先股的主要特征有三：一是优先股通常预先确定股息收益率。由于优先股股息率事先固定，所以优先股的股息一般不会根据公司经营情况而增减，而且一般也不能参与公司的分红，但优先股可以先于普通股获得股息。对公司来说，由于股息固定，它不影响公司的利润分配。二是优先股的权利范围小。优先股股东一般没有选举权和被选举权，对股份公司的重大经营无投票权，但在某些情况下可以享有投票权。三是剩余资产分配优先权。股份公司在解散、破产清算时，优先股具有公司剩余资产的分配优先权，不过，优先股的优先分配权在债权人之后，而在普通股之前。只有还清公司债权人债务之后，有剩余资产时，优先股才具有剩余资产的分配权。只有在优先股索偿之后，普通股才参与分配。

股份合作制企业的股份设置按照资产形成的原始来源划分，主要应设立三种股份，即集体股、劳动股和社会股三种。

(1)集体股。也叫乡村集体公共股，是指乡村合作经济组织直接投资及其增值部分形成的股份。

集体股是全体乡民和村民作为一个整体所拥有的股份，这个集体必须要有一个代表机构来行使其职能，这个机构就是乡、村集体经济组织。集体经济的收入在分配上一分为二，一部分分给广大的集体成员，另一部分留作乡村政府行政开支和社区公共性开支。

(2)劳动股。劳动股是把集体企业资产划出另外一部分分配给集体企业的所有者的一种股份，是对过去劳动的一种补偿。它承认企业经营者的经营贡献，承认经营者的劳动积累，这是同典型的股份制的重大区别。劳动股分配的对象是本社区范围内的乡民、村民个人或企业的职工。

劳动股和由乡村政府掌握的集体股加在一起，才是股份合作制企业完整的集体股。但根据现有的法律及维护集体利益的需要，一般劳动股不准继承，不准转让，不准抵押，不准出售。

(3)社会股。是指股份合作制企业外部各种法人实体、自然人对股份合作制企业的投资形成的股份。如有可能，也包括国有资产管理部门所属的具有法人资格的投资公司对股份合作制企业投资形成的股份。这部分范围比较广，有城乡居民、国有企业、集体企业、联合体、私营企业、大专院校、科研单位等。股东入股形式应灵活多样，只要企业需要，有利于企业发展，不但可以用货币入股，而且可以用实物、工业产权、非专利技术、土地使用权等依法作价入股。

3.认购和募集股份

股份合作制企业通过确定股权、发行股权证书或股票认缴股本的方式筹措资本的，因而认购和募集股份是股份合作制企业组建过程中极其重要的一环。采取发起方式设立的股份合作制企业，由发起人认购全部股份即可；采取募集方式设立的股份合作制企业，无论是采取在社区内部、企业内部的定向募集形式，还是采取向社会公开招股的社会募集形式，企业发起人除自己认购股份外，还应制定招股说明书或募集资本方案，向社会公开或在社区、企业内部发行股权证书或股票予以招股，募集企业的其余股本。

(三)股份合作制的股权管理

1.持股管理

表现出“两死一活”的特点，即集体股和劳动股不能转让，不能继承，不能抵押和出售，也不存在退股问题，在股份管理上是死的；社会股在管理上比较灵活，不但允许转让、继承、抵押和出售，还允许经过一定时期后退股。这种股权变动的管理方式一方面是为了保持股份的稳定性和集体财产的主导地位;另一方面也是考虑到我国农村经济发展水平和农民素质及承受风险的意识较小等因素,以充分调动各方面的积极性。

2.集体股股权管理

集体股是在一个社区内部,全体乡民或村民作为一个整体所拥有的股份。其股权掌握在乡镇府手中,集体股分红收入用于支付社区性的公共开支,是将农村集体企业与乡村政府之间的分配关系纳入规范化轨道的新途径。集体股的设置保证了集体对企业财产的拥有和处置权。因此,对于集体股而言,在管理上就需要有所侧重。侧重点在于集体股一般不能转让,不能继承,不能抵押,不能出售,表现出“死管与管死”的特征,其目的也是为了保证集体股的稳定性和完整性,确立集体资产的主导地位。所以说,集体股一般不能流动。

3.劳动股股权管理

一般来讲,对于劳动股股权的处置也表现出“死”的特征。在设置劳动股时,都规定劳动股权不准转让、不准抵押或不准出售,将来持股者户口变动或自然死亡后,股权由集体收回。由于这几个不准,股权的分配与调整变成了一种经常性的工作。

4.社会股股权管理

社会股是股份合作制企业中最活跃的,它是以现金的形式向社会吸收的股份,持股者不受资格、社区、户口、个人、法人的限制,体现了集资性质。因此,对社会股股权变动的处理就不同于集体股和劳动股股权变动的处理。对于社会股,在各地的做法中规定:社会股可以自由地流动,可以抵押、出售、继承,在一定范围和条件下甚至可以转让,在收益分配上也表现出对社会股采取允许退股和保息分红的做法。

5.股份合作制企业在扩股上的管理

企业在成立的一定年度内,可以增发新的股份,向社会发售或将发展基金转化为新投资,以股权量化到人的形式扩股。对于扩股的管理,股份合作制企业应采取如下的形式。

(1)对于在原来基础上扩大集资规模。可以采取的形式有:向企业内部职工或社区内社员出售新股或在社会范围内出售新股;以企业红利转增股东或向企业原有股东配售新股。

(2)对于发展基金转化的新投资。企业应及时将这部分股金扩成股份,按现有股东的持股比例分配给现有股东,以调动其积极性。

二、学习任务设计与实施

【学习任务设计】

见图 7-3。

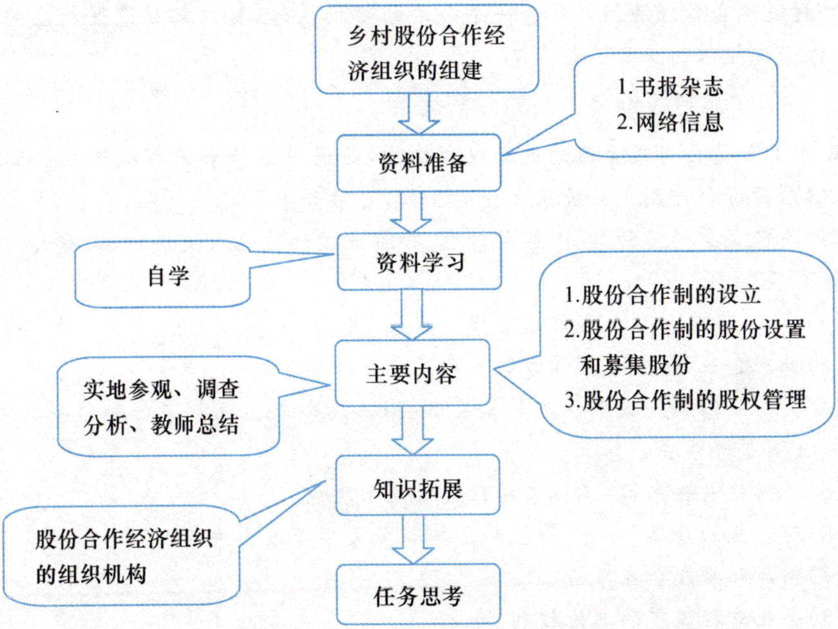

图 7-3　乡村股份合作经济组织的组建管理学习任务完成流程

【学习任务实施】

(1)安排学员课前通过图书、资料或网络查找股份合作制设立、股权管理有关资料。

(2)教师指导学员到本地股份合作制企业参观学习,增加学员的感性认识。

(3)安排好每组学员的拓展学习,用课后作业与课前提问的方法完成知识巩固。

(4)教师指导学员分组调查本地股份合作制发展和管理过程中遇到的问题,对股份合作制的发展提出自己的建议和措施,每组写出一份调查报告(不少于 1 500 字)。

(5)教师对本任务内容进行进一步总结,指导学员正确理解股份合作制的管理机制。

三、知识拓展

股份合作经济组织的组织机构

乡村股份合作经济组织作为一个合法的市场主体，其内部要设置相应的组织机构，以保证组织的正常运行。

(一)建立健全股份合作制的股东大会

股东大会是公司或企业的最高权力机构，是通过法律和章程赋予相应职权得以实现的，股份合作制企业股东大会的职权，可做如下界定：

(1)决定企业的经营方针、经营计划、投资方案和为他人提供担保、重大的借贷行为等事项。

(2)审议、批准董事会和监事会报告。

(3)批准企业年度预、决算方案和利润分配方案。

(4)对企业增加或减少注册资本做出决议；选举或罢免董事会和监事会成员，决定其报酬支付办法。

(5)对吸收新股东、职工股东转让股份做出决议。

(6)对企业的分离、合并、种植和清算等重大事项做出决议。

(7)制定和修改企业章程。

(8)企业章程规定的其他权利。

对于职工股东人数很少(比如不足10人)的股份合作制企业，为了提高运行效率，降低运行成本，应允许不设董事会和监事会。此时，股东大会除行使上述一般股东大会职权外，还应行使部分董事会和监事会的职权。比如，选举和罢免经理，决定其报酬；根据经理提名，聘任或者解聘企业副经理、财务负责人，决定其报酬；审议批准经理的报告等。

(二)建立健全股份合作制的董事会

1. 董事会的设置

股份合作制企业在规模上更接近有限责任公司(可能更小)，其董事会设置可比照《公司法》对有限责任公司的规定进行规定：股份合作制企业一般应设董事会，其成员3～13人，董事会设董事长1人，可以设副董事长1～2人，董事长和副董事长由董事会以全体董事的过半数选举产生。股东人数较少和规模较小的股份合作制企业，可以不设董事会，只设一名执行董事，也可不设执行董事，由股东大会和经理分别行使职权。

2.董事会的职权

参照我国《公司法》的规定，股份合作制企业的董事会应行使如下权利：

(1)召集股东大会并向股东大会报告工作。

(2)执行股东大会的决议、决定。

(3)决定公司的经营计划和投资方案。

(4)制订公司的财务预决算方案。

(5)制订公司的利润分配方案及弥补亏损方案。

(6)制订公司增减注册资本的方案以及发行公司债券的方案。

(7)拟定公司合并、分立、解散的决定。

(8)决定公司内部管理机构的设置。

(9)聘任或解聘公司的经理，根据经理的提名，聘任或者解聘公司的副经理、财务负责人，决定他们的报酬。

(10)制订公司的基本管理制度。

(三)建立健全股份合作制的监事会

股份合作制企业一般设监事会，其成员不少于3人，并应从中推选1名召集人或称监事长。规模较小和股东人数较少的股份合作制企业可以不设监事会，只设1～2名监事。也可以连监事也不设，由股东会或指定专人代行监事会职权。

监事会应向股东大会和职工代表大会负责并报告工作，其职权是：

(1)监事会主席或监事代表列席董事会议。

(2)监督董事、经理等管理人员有无违反法律、法规、公司章程及股东会议决议的行为。

(3)检查公司业务、财务状况，查阅账簿和其他会计资料，并有权要求执行公司业务的董事和经理报告公司的业务情况。

(4)核对董事会拟提交股东会的会计报告、营业报告和利润分配方案等财务资料，发现疑问可以公司名义委托注册会计师、职业审计师帮助复查。

(5)建议召开临时股东会。

(6)代表公司与董事交涉或对董事起诉。

(四)股份合作制的经理

经理是股份合作制企业法定的必设机构，在设董事会的企业，经理是董事会的助理机关。股份合作制企业的法定代表人，由企业章程做出规定，原则上由董事长担任，但规模较小的企业也可以由经理担任。对不设董事会的小企业，则指定由经理担任。

经理作为辅助董事会执行业务的人员，由董事会决定其报酬及支付办法。对不设董事会的企业，经理由股东大会选举产生，对股东会负责。

1. 经理行使下列职权

(1)主持企业的生产经营管理工作，组织实施董事会决议，组织实施企业年度经营计划和投资方案。

(2)拟定企业内部管理机构设置方案。

(3)拟定企业的基本管理制度，制定公司的具体规定。

(4)提请聘任或解聘企业副经理、财务负责人。

(5)任免除由董事会聘任或解聘以外的负责管理人员。

(6)企业章程、董事会授予的其他职权。此外，经理有权列席董事会会议。

2. 经理一经董事会任命，就应当履行下列义务

(1)遵守企业章程，忠实履行职务，维护企业利益。

(2)不得利用在企业的地位和职权为自己谋取私利。

(3)不得利用职权收受贿赂或者其他非法收入，不得侵占公司的财产。

(4)不得挪用企业的资金或者将企业资金借贷给他人。

(5)不得将企业财产以其个人名义或者以其他人名义开立账户存储。

(6)不得将企业资产为本企业的股东或者其他人债务提供担保。

(7)不得自营或者为他人经营与其所任职企业同类的营业，或者从事损害本企业利益的活动。有从事这种营业或活动的，所得收入应当归企业所有。

(8)除企业章程规定或者股东会同意外，不得同本企业订立合同或者进行交易。

(9)除按照法律规定或者经股东会同意外，不得泄露企业秘密。

四、任务思考

(1)股份合作制的股份内容有哪些？

(2)股份设置按照股东的权利和义务划分为哪几类？

(3)股份合作制的股权管理内容有哪些？

项目八　乡镇企业建设与管理

【引导案例】

中国农村改革的奇葩——乡镇企业

1987 年，中国改革开放的总设计师邓小平在会见外宾时留下这样一句话："我们完全没有预料到的最大收获，就是乡镇企业发展起来了。"十一届三中全会以后，党和政府实行改革开放政策。我国乡镇企业异军突起，取得了世人瞩目的伟大成就，为农村致富和实现现代化开辟了一条新路。乡镇企业被称之为农村改革意想不到的成果，是中国农村改革的奇葩。

从乡镇企业发展的历程看，大体经历了以下三个阶段。

第一阶段：新中国成立初期到 1978 年，社队企业顽强发展阶段。我国的乡镇企业萌芽于新中国成立初期的农村副业和手工业。1959 年，毛泽东同志发表重要讲话，指出公社工业是"我们伟大的、光明灿烂的希望"。从这时起，公社工业转变为社队工业，加上社队办的种植、养殖场等，后来统称为社队企业。到 20 世纪 70 年代中后期社队企业迅速发展的势头尤为突出。

第二阶段：改革开放后到 1996 年，我国乡镇企业迅速崛起阶段。1978 年 12 月中国共产党召开了具有伟大历史意义的十一届三中全会，全会决定将全党的工作重点转移到社会主义现代化建设上来。社队企业也开始了历史性的转折。这一阶段主要有二个发展高峰期。1978—1988 年乡镇企业在全国各地迅速崛起并迎来了第一个发展高峰期。1984 年中央 4 号文件将社队企业正式改称为乡镇企业，对家庭办和联户办企业及时给予了充分的肯定。乡镇企业进入了第一个全面发展的高峰期。1992—1994 年是乡镇企业发展的第二个高峰期。1992 年邓小平同志南行讲话，充分肯定了乡镇企业的重要作用，为乡镇企业创造了空前良好的外部环境。同时乡镇企业也强化了管理，涌现出一批大、中型企业和现代化企业集团，进入了第二个发展高潮。

第三阶段:从1997年开始调整创新阶段。1996年八届全国人大常委会第二十二次会议讨论通过了《中华人民共和国乡镇企业法》,自1997年1月1日实施。乡镇企业法的出台为乡镇企业的改革、发展和提高奠定了法律基础。随后,乡镇企业分化重组加快,改革进入了攻坚阶段,发展处于关键时期。

(资料来源:http://www.pep.com.cn/czls/js/tbjx/ck/8x/u2/201106/t20110630_1051790.htm)

案例启示: 乡镇企业是农村经济改革的结果,是中国农村改革的奇葩,乡镇企业的发展促进了农村经济的发展。

【项目目标】

完成本项目学习任务后,你应该能

1. 掌握乡镇企业的概念和特征
2. 了解乡镇企业的作用,正确把握乡镇企业的设立条件
3. 掌握有限责任公司应具备的条件
4. 掌握现代企业制度的概念和现代企业制度的内容

【项目任务描述】

本项目分为认知乡镇企业、建立现代企业制度发展乡镇企业二个任务。通过本项目任务的操作与学习,能让学员认知乡镇企业的概念和特征和乡镇企业的设立条件;并掌握如何建立现代企业制度发展乡镇企业等。通过学习,能增强学员对本项目的学习兴趣,培养学员查阅资料、观察分析、调查研究和沟通协作等能胜任岗位工作的职业素质。

任务十五 认知乡镇企业

一、任务准备

(一)乡镇企业的概念和作用

乡镇企业是指由农村乡镇、行政村、村民组织及农民个人举办的、与农民有着内在联系的各类企业。包括乡镇办企业、村办企业、农民联营的合作企业、其他形

式的合作企业和个体企业五级。乡镇企业的发展具有下列作用。

1.乡镇企业是农村经济的骨干力量

乡镇企业的发展,有效地改变了农村的产业结构和就业结构,为发展农村经济积累了经验,开辟了广阔的前景。改善了农村的产业结构,逐步形成了农工商综合经营的新格局;安置了大量的农村剩余劳动力。随着乡镇企业的发展,大批劳动力从土地上转移出来,大批农民走上了非农产业的道路,形成一支新的产业大军,不断开辟新的领域,具有历史意义的进步。

2.发展乡镇企业是实现农村工业化的重要途径

历史经验证明:我国是一个农业大国,人口多、底子薄,要实现由农业国向工业国的转变,既不能靠掠夺农业或别国的资源来积累资金,也不能走世界发达国家所走过的工业化道路,而只能通过实现农村工业化,依靠农村自身变革,实现农村工业化和城市化,进而实现国民经济的工业化和城市化。

3.发展乡镇企业是解决中国"三农"问题的重要途径

中国农业和农村发展的最大问题是"三农"问题。突出表现是农民增收缓慢、农业生产结构的调整速度缓慢、农村经济发展速度缓慢、农民生活水平提高缓慢等问题。为解决这些问题,要求中国大力发展乡镇企业。通过发展乡镇企业,可以解决农村剩余劳动力就近就业和换岗问题,增加农民的收入,由此推动农村城镇化的发展,让农民可以向城镇聚集,转移到城镇的部分农民,融入现代城市生活,增加消费,扩大内需,推动城镇经济的发展。当大量农民脱离土地的束缚,必然加速农村土地的流转,由此而产生规模效益,必然带动农村第一产业向更加集约化方向发展,使得农民的收入可以较为明显地增加,农村的生产和生活环境明显改变。

4.乡镇企业的发展是推进城乡一体化的重要途径

乡镇企业充分利用当地资源,发展加工业和商业、服务业,大批农业人口转为城镇人口,形成工业小区或商业聚集的小城镇,实现了农村劳动力向非农产业转移,加大了城镇人口的比重,从而推进了农村城市化、城乡一体化进程,同时乡镇企业的发展为城镇建设提供了资金,有力地促进了城镇化建设。

5.发展乡镇企业能培养造就新型职业农民,有力促进农村精神文明建设

中国建设新农村的关键和核心是培养造就新型农民。乡镇企业是培养造就新型职业农民的重要课堂,极大地改变了农民的生产和生活方式,改变了农民群众的传统观念,提升了精神面貌。特别是在乡镇企业发展过程中涌现的一批实干型的新型企业家,具有现代市场经济条件下如何发展和管理现代企业的知识,还具有对新产品、新技术奋力追求的能力,不仅成为农村经济发展的领导者,也是农村文化建设的组织者、指挥者,是农村精神文明建设的领军人物。在他们带领下,使得一

大批农民认识到文化和学习先进技术的重要性，从而加速了精神文明的建设。

(二)乡镇企业的特征

1.地域性

乡镇企业地处农村，是乡村经济的一个组成部分。由于它地处乡村，所以在空间分布上不像城市企业那样密集，具有布局分散、点多面广的特点。

实践证明，乡镇企业的发展对各地农村经济做出了重大贡献，但由于其地域性的特征，产生了许多亟待解决的问题，诸如交通运输条件差、信息不灵、结构趋同等，给乡镇企业的发展带来了不利影响。

图 8-1 乡镇企业

2.经营范围广，门类多

乡镇企业生产经营活动的范围几乎涉及国民经济的各个部门，进入了社会生产、交换和服务的各个领域。主要包括工业、商业、建筑业、饮食服务业以及现代种植、养殖业等。

3.组织形式多样化

乡镇企业的规模大小不一样，有些相差悬殊，因此在企业所有制形式上也需要有所不同。规模大的企业要求组织形式严密一些，复杂一些，可以采取股份有限公司和有限责任公司；规模小的乡镇企业，可采取简便易行的形式，比如合伙公司形式、业主经营的形式。

4.生产过程的比例性和连续性较差

许多乡镇企业的原材料来自农业，而农业生产具有季节性，因而乡镇企业供产销的波动就比较大，生产过程的比例性和连续性较差。这对企业组织生产活动，加强经营管理增加了难度。

图 8-2 乡镇企业生产

5.筹集资金多样化，产权关系复杂

乡镇企业的资金来源于集体经济组织、农民个人、外资、国有资产、从社会筹集的资金以及这些资金的多种形式的联合，不同的资金来源，使乡镇企业的产权关系较为复杂。同时适应这种多样性，乡镇企业的经营组织形式也多种多样。

(三)乡镇企业的设立

企业的设立是指出资人(或发起人)在具备必要条件后，依照法定程序申请、登记并最终获得企业法人资格的过程。任何企业只有在获准设立后才能进行生产经营活动，故企业的设立是企业发展的起点。乡镇企业的设立一般有有限责任公司、个人独资企业、合伙企业几种形式。

1.有限责任公司

有限责任公司是依照《中华人民共和国公司法》设立，股东以其出资额为限对公司承担责任，公司以其全部财产对公司债务承担责任的企业法人。

有限责任公司应具备的条件：

(1)股东为 1 个(含 1 个)以上 50 个(含 50 个)以下。股东为企业的，出具加盖本企业公章的《营业执照》复印件；股东为事业单位的，出具加盖本单位公章的《事业单位法人证书》复印件；股东为社会团体的，出具加盖本单位公章的《社会团体法人登记证书》复印件及民政社团管理部门确认的《非党政机关所办社会团体证明》；股东为自然人的，出具该人的身份证或其他合法身份证明的复印件；股东为工会的，应提交区、县级以上工会同意投资的批准文件。

(2)实行注册资本认缴登记制。公司股东认缴的出资总额或者发起人认购的股本总额(即公司注册资本)应当在工商行政管理机关登记。公司股东(发起人)应当对其认缴出资额、出资方式、出资期限等自主约定，并记载于公司章程。有限责任公司的股东以其认缴的出资额为限对公司承担责任。公司应当将股东认缴出资额或者发起人认购股份、出资方式、出资期限、缴纳情况通过市场主体信用信息公示系统向社会公示。公司股东(发起人)对缴纳出资情况的真实性、合法性负责。

放宽注册资本登记条件。除法律、行政法规以及国务院决定对特定行业注册资本最低限额另有规定的外，取消有限责任公司最低注册资本 3 万元、一人有限责任公司最低注册资本 10 万元、股份有限公司最低注册资本 500 万元的限制。不再限制公司设立时全体股东(发起人)的首次出资比例，不再限制公司全体股东(发起人)的货币出资金额占注册资本的比例，不再规定公司股东(发起人)缴足出资的期限。

(3)股东共同制定公司章程。

(4)有公司名称，建立符合公司要求的组织机构。公司的名称应符合名称登记管理有关规定，名称中标明“有限责任公司”或“有限公司”字样。公司的组织机构为股东会、董事会(执行董事)、监事会(监事)、经理。

(5)有固定的生产经营场所和必要的生产经营条件。

2.个人独资企业

个人独资企业是指依照《个人独资企业法》在中国境内设立的，由一个自然人投资，财产为投资人个人所有，投资人以其个人财产对企业的债务承担无限责任的

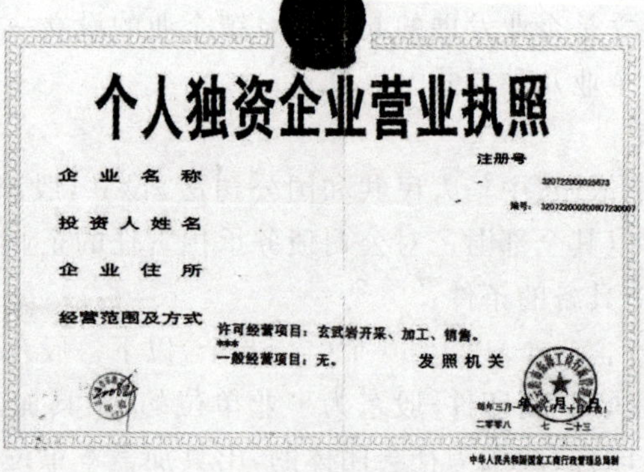

图 8-3　个人独资企业营业执照

经营实体。

个人独资企业应具备的条件：

(1)投资人为一个自然人；法律、法规禁止从事营利性活动的人，不得作为个人独资企业投资人；

(2)有合法的企业名称，名称中不得使用“有限”、“有限责任”或“公司”字样；

(3)有投资人申报的出资额；

(4)有固定的生产经营场所和必要的生产经营条件。

3.合伙企业

合伙企业是指自然人、法人和其他组织依照《中华人民共和国合伙企业法》在中国境内设立的，由两个或两个以上的自然人通过订立合伙协议，共同出资经营、共负盈亏、共担风险的企业组织形式。

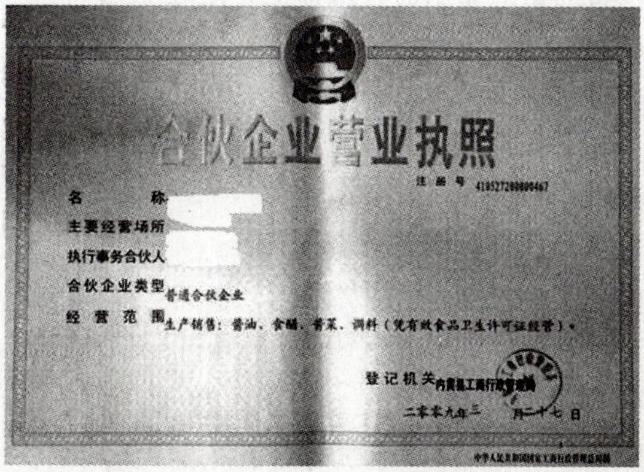

图 8-4　合伙企业营业执照

合伙企业的种类：

普通合伙企业和有限合伙企业。其中，普通合伙企业又包含特殊的普通合伙企业。

普通合伙企业由 2 人以上普通合伙人(没有上限规定)组成。普通合伙企业中，合伙人对合伙企业债务承担无限连带责任。特殊的普通合伙企业中，一个合伙人或数个合伙人在执业活动中因故意或者重大过失造成合伙企业债务的，应当承担无限责任或者无限连带责任，其他合伙人则仅以其在合伙企业中的财产份额为限承担责任。

有限合伙企业由 2 人以上 50 人以下的普通合伙人和有限合伙人组成，其中普通合伙人和有限合伙人都至少有 1 人。当有限合伙企业只剩下普通合伙人时，应当转为普通合伙企业，如果只剩下有限合伙人时，应当解散。普通合伙人对合伙企业债务承担无限连带责任，有限合伙人以其认缴的出资额为限对合伙企业债务承担责任。

合伙企业应具备的条件：

(1)有两个以上合伙人。合伙人为自然人的，应当具有完全民事行为能力；合伙人为自然人的，提交身份证复印件；合伙人为企业的，提交加盖本企业公章的《营业执照》复印件；合伙人为事业单位的，提交加盖本单位公章的《事业单位法人证书》复印件；合伙人为社会团体的，提交加盖本单位公章的《社会团体法人登记证书》复印件及民政社团管理部门确认的《非党政机关所办社会团体证明》；合伙人为工会的，提交区、县级以上工会同意投资的批准文件；合伙人为农民专业合作社的，提交加盖公章的农民专业合作社营业执照副本复印件；合伙人为民办非企业单位的，提交加盖单位公章的民办非企业单位证书复印件。

(2)有书面合伙协议；

(3)有合伙人认缴或者实际缴付的出资；

(4)有合伙企业的名称，名称中的组织形式后应标明“普通合伙”、“特殊普通合伙”、“有限合伙”等字样；

(5)有经营场所和从事合伙经营的必要条件。

(四)乡镇企业设立条件

根据《中华人民共和国乡镇企业法》和有关法律法规的规定，设立和经营乡镇企业应该符合下列要求。

1.乡镇企业是指以农村集体经济组织或者农民投资为主

乡镇企业是指以农村集体经济组织或者农民投资为主(指超过50%，或者虽不足50%，但能起到控股或者实际支配作用)，在乡镇(包括所辖村)举办的承担支援农业义务的各类企业。乡镇企业符合企业法人条件的，依法取得企业法人资格。

2.建设用地应当符合土地利用总体规划

建设用地应当符合土地利用总体规划，严格控制、合理利用和节约使用土地，凡有荒地、劣地可以利用的，不得占用耕地、好地。举办乡镇企业使用农村集体所有的土地的，应当依照法律、法规的规定，办理有关用地批准手续和土地登记手续。乡镇企业使用农村集体所有的土地连续闲置两年以上或者因停办闲置一年以上的，应当由原土地所有者收回该土地使用权，重新安排使用。

3.依法合理开发和使用自然资源

乡镇企业从事矿产资源开采，必须依照有关法律规定，经有关部门批准，取得采矿许可证、生产许可证，实行正规作业，防止资源浪费，严禁破坏资源。

4.建立财务会计制度

按照国家有关规定，建立财务会计制度，依法设置会计账册。按照国家统计制度，如实报送统计资料。

5.办理税务登记

依法办理税务登记，按期进行纳税申报，足额缴纳税款。各级人民政府应当依法加强乡镇企业的税收管理工作，有关管理部门不得超越管理权限对乡镇企业减免税。

6.生产产品质量合格

加强产品质量管理，努力提高产品质量；生产和销售的产品必须符合保障人体健康，人身、财产安全的国家标准和行业标准；不得生产与销售失效、变质产品和国家明令淘汰的产品；不得在产品中掺杂、掺假，以假充真，以次充好。

7.正确使用商标

乡镇企业应当依法使用商标，重视企业信誉；不得伪造产品的产地或者伪造、冒用他人厂名、厂址和认证标志、名优标志。

8.遵守有关法律法规

乡镇企业必须遵守有关环境保护的法律、法规，按照国家产业政策，在当地人民政府的统一指导下，采取措施积极发展无污染、少污染和低资源消耗的企业，切实防治环境污染和生态破坏，保护和改善环境。

9.乡镇企业必须承担支援农业的任务

乡镇企业违反本法规定不承担支援农业义务的，由乡镇企业行政主管部门责令改正，在其改正之前，可以停止其享受的部分或者全部优惠。

(五)乡镇企业的变更和终止

一家特定名称的企业，就像一个人一样既有诞生、成长，也有消亡，这就是企业的变更和终止。

1.乡镇企业的变更

乡镇企业的变更是指企业在其存续期间，由于经营方向、经营范围的重大调整，大股东变动、迁移，资产重组或经营不善等原因，使得企业需要并依法进行变更登记活动。企业的变更一般有合并变更、分离变更、迁移变更、资产重组变更等类型。

2.乡镇企业的终止

乡镇企业的终止，又称企业的注销，是指企业法人因某种原因终止营业而依法办理企业注销登记，取消法人资格的行为。造成企业注销的原因一般有：企业法人歇业、被撤销、企业法人破产、新设合并或新设立企业而引起原有企业终止。

二、学习任务设计与实施

【学习任务设计】

见图 8-5。

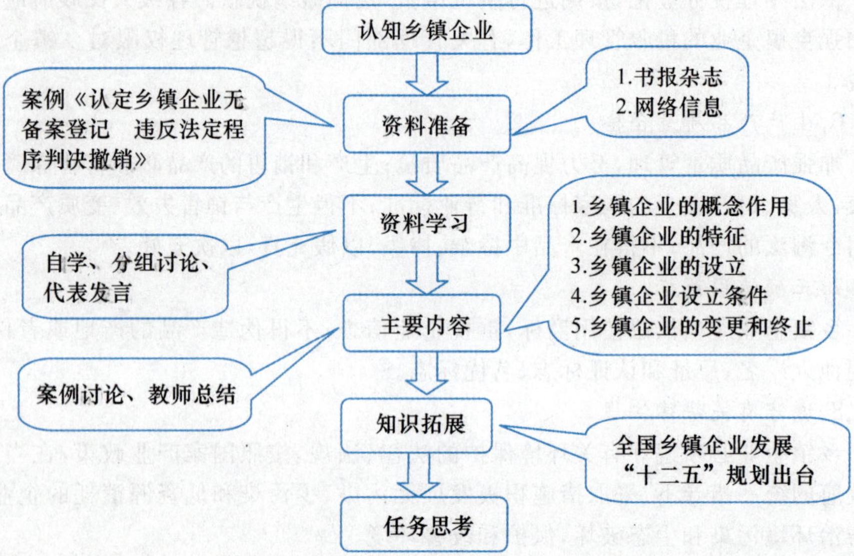

图 8-5　认知乡镇企业学习任务完成流程

【学习任务实施】

(1)安排学员课前通过图书馆、资料室或网络查找乡镇企业、乡镇企业特征、乡镇企业的设立和变更终止有关资料。

(2)在教师的指导下,分组讨论引导案例《中国农村改革的奇葩——乡镇企业》和案例《认定乡镇企业无备案登记　违反法定程序判决撤销》,说说乡镇企业为什么发展这么快?从当地农村实际情况出发,为什么要发展乡镇企业?说说乡镇企业设立有哪些条件?讨论结束后每组写出一份学习收获体会。

(3)每组选一名代表,在全班讲解学习途径和讨论的收获,其他组员做补充发言,全班讨论。

(4)教师组织学员学习拓展内容。

(5)教师对本任务内容进行进一步总结,指导学员正确把握乡镇企业的设立。

【典型案例】

认定乡镇企业无备案登记 违反法定程序判决撤销

中国法院网讯（文林华 郝绍彬） 乡镇企业应当备案，主管部门依据企业报告直接认定，企业职工对此提出异议。近日，重庆市第五中级人民法院认定行政主管部门违反备案登记程序的法定程序，二审判决撤销重庆市九龙坡区经济和信息化委员会做出的《关于确认重庆华林水泥（集团）有限公司符合乡镇企业形式和条件的函》。

重庆华林水泥（集团）有限公司（简称华林公司）是重庆中梁山水泥厂转制而成。2011 年 11 月 20 日华林公司向重庆市九龙坡区经济和信息化委员会提出报告，请求确认其企业性质为乡镇企业。2011 年 12 月 27 日区经信委做出《确认函》，认定华林公司符合乡镇企业的形式和条件。

李贵元等 25 人不服，遂于 2013 年 1 月 6 日向重庆市九龙坡区人民法院提起诉讼，请求确认区经信委做出的《确认函》违法。

一审法院驳回了原告诉讼请求。李贵元等 25 人不服一审判决，向重庆五中院上诉。

重庆五中院审理认为，九龙坡区经信委作为乡镇企业行政主管机关，有权对企业是否属于乡镇企业或按照乡镇企业对待做出确认。《乡镇企业法》第八条规定“经依法登记设立的乡镇企业，应当向当地乡镇企业行政管理部门办理登记备案手续”；《重庆市实施〈中华人民共和国乡镇企业法〉办法》第九条规定“依法设立的乡镇企业应在工商登记注册后的三十日内，持有关资料向区、县（市）乡镇企业行政管理部门申请登记备案，确认乡镇企业资格”；第十条规定“经登记备案确认的乡镇企业，由区、县（市）乡镇企业行政管理部门颁发资格证书，享受乡镇企业的权利和扶持政策，承担支援农业的义务”。九龙坡区经信委通过华林公司提交的报告即做出确认华林公司具备乡镇企业资格，违反通过备案登记方式予以确认的法定程序。二审遂依法做出撤销该委《确认函》的判决。

（资料来源：http://www.chinacourt.org/article/detail/2013/10/id/1110814.shtml）

案例启示：乡镇企业的设立需要向乡镇企业行政管理部门申请登记备案，才能享受乡镇企业的权利和扶持政策，承担支援农业的义务。

三、知识拓展

全国乡镇企业发展"十二五"规划出台

记者昨日从农业部获悉，为拓宽农民就业增收渠道，增强乡镇企业市场竞争力和抗风险能力，农业部出台了《全国乡镇企业发展"十二五"规划》，明确了未来五年乡镇企业发展目标。规划提出，未来5年，乡镇企业增加值将力争以年均10%左右的速度增长，2015年突破18万亿元。

规划还提出，"十二五"期间，乡镇企业工业增加值力争以年均9.6%左右的速度增长，2015年达到12.3万亿元；而从业人员力争年均增加280万人，2015年达到1.7亿人以上。

规划注重区域结构优化，提出，力争中西部及东北地区乡镇企业增加值占全部乡镇企业增加值的比重年均上升0.4个百分点，2015年达到43.7%。稳定第一产业，优化第二产业，加快发展第三产业，力争2015年乡镇企业第三产业的比重达到25.5%。

在具体举措方面，未来5年，国家将加大财政扶持力度。进一步扩大支持的范围，重点支持乡镇企业技术创新、结构调整、节能减排、开拓市场、职工培训、扩大就业，以及乡镇企业的公共服务体系建设；积极协调税务部门，落实、出台税收优惠政策；鼓励乡镇企业发展农产品加工，进一步扩大农产品初加工范围，落实所得税优惠；减轻税负，统一农产品加工增值税进销项税率，将农产品精深加工增值税进项税率提高到17%；鼓励乡镇企业吸纳农民就业，对吸纳农村富余劳动力超过一定比例的乡镇企业，给予所得税的优惠。

此外，融资环境也将进一步改善。规划强调，争取加大对乡镇企业担保、贷款、引资和股票上市等方面的支持。

（资料来源：http://money.163.com/11/1103/07/7HTURS5S00252G50.html）

四、任务思考

(1)乡镇企业的特征有哪些？

(2)乡镇企业设立的条件是什么？

任务十六　建立现代企业制度发展乡镇企业

一、任务准备

（一）现代企业制度的概念和基本特征

1.现代企业制度

现代企业制度就是现代市场经济中企业的组建、管理、运营的规范的制度形式。它是市场经济的最佳选择，是适应现代化大生产要求的企业制度，是我国企业尽快成为市场经济主体，走向现代化、国际化的企业制度。建立现代企业制度是社会主义市场经济体制的重要组成部分，它将造就社会主义经济运行的微观基础，加速新体制的发育和发展。

现代企业制度有狭义、广义之分。狭义的现代企业制度即现代市场经济的企业组织制度；广义的现代企业制度则指涉及现代企业组建、运营、管理一系列行为和关系的制度体系。

2.现代企业制度的基本特征

现代企业制度具有以下几方面的基本特征。

(1)产权清晰。现代企业制度的典型形式是公司制企业，公司制企业的产权关系明晰。产权，即财产权，是指以财产所有权为基础的若干权利的组合。产权以两种形式存在：一是产权的法律形式，即法权，这是指法律上的财产所有权，它明确了财产的归属问题；二是产权的实现形式，即财产的营运权利（也称为企业产权或法人产权），是指经济上的所有权，它回答的是财产的经营问题。

出资者对企业的投资形成对企业资产的所有权，企业作为独立的法人对注入企业的资本金具有企业法人财产权。产权关系清晰，就是要用法律来界定出资者和企业法人的关系，明确各自的权利、义务和责任，它是现代企业制度在产权方面所体现出来的特征。

(2)权责明确。企业以其全部法人财产，依法自主经营，自负盈亏，照章纳税，对出资者承担保值增值的责任。出资者按投入企业的资本额享有所有者权益，这种权益表现为三方面：即资产受益权、重大决策权、选择管理者的权利。企业破产时，出资者只以投入企业的资本额对企业债务承担有限责任。

(3)政企分开。企业按照市场需求组织生产经营，以提高劳动生产率和经济效率为目的，政府不直接干预企业的生产经营活动。企业在市场竞争中优胜劣汰，长期亏损，资不抵债的应依法破产。企业作为市场主体，直接受市场调节，参与市场竞争，以盈利最大化为目的。政府处在企业之外，既不直接干预企业的生产经营活动，也不用超经济的手段保护企业，真正实现政企分开。

(4)管理科学。建立科学的企业领导体制和组织管理制度，调节所有者、经营者和职工之间的关系，形成激励和约束相结合的经营机制。在现代企业制度中，所有者、经营者和生产者之间通过公司的权力机构(股东会)、决策机构(董事会)、管理机构(经理班子)、监督机构(监事会)，形成各自独立、权责分明、相互制约的关系，并通过法律和公司章程加以确立和实现。既赋予经营者充分的自主权，又切实保障所有者的权益，同时充分调动生产者的积极性。在组织管理制度方面，建立科学、民主的管理制度和严格的经济核算制度。

现代企业制度的四个特征是个有机整体，缺一不可，不能只强调某一方面而忽略其他方面，必须全面、准确地领会和贯彻。

(二)现代企业制度的内容

现代企业制度是当前最为发达的一种企业体制，主要包括现代企业产权制度、现代企业组织制度、现代企业管理制度三个方面的主要内容。三者之间是相辅相成的，共同构成了现代企业制度的总体框架。

1.现代企业产权制度

产权是一种价值形态的财产收益，所包含的权益是可以分离、分割和转让的，建立现代企业产权制度是我国乡镇企业建立现代企业制度的基础和前提。

(1)明确产权。要求对企业进行公司化改造，明细企业的产权划分和归属主体，在此基础上引导出多元化的投资来源。

(2)明确责任和权利。根据投资的多少，确立对称的责任和权利，出资者对企业的投资形成对企业资产的所有权，企业作为独立的法人对注入企业的资本金具有企业法人财产权。企业与国家之间、企业与分散的股东之间，各自的责任与权利是明确的。

(3)企业自主经营、自负盈亏。在所有权与经营权分开的前提下，企业依照自己的法人财产开展各项经济活动，独立地对外承担民事权利和民事义务。企业通过自己独立的法人地位运营全部资产，企业在市场经济中独立核算、自主经营、自负盈亏、照章纳税，实现平等竞争。

2.现代企业组织制度

现代企业制度有一套完整的组织制度，其基本特征是：所有者、经营者和生产者之间，通过公司的决策机构、执行机构、监督机构，形成各自独立、权责分明、相互制约的关系，并以国家相关法律法规和公司章程加以确立和实现。现代企业组织制度有两个相互联系的原则：一是企业所有权和经营权相分离的原则，二是公司的决策权、执行权和监督权三权分立的原则。在此原则基础上形成股东大会、董事会、监事会和经理层并存的组织机构框架，按其职能，分别形成权力机构、执行机构、监督机构和管理机构。

（1）权力机构。股东大会作为权力机构，它是由国家授权投资的机构或部门以及其他出资者选派代表组成。股东实际上就是公司的所有者，股东大会所形成的决议是最终决议，具有法律效力。

（2）执行机构。董事会作为公司的常设机构，是股东大会的执行机构，也是公司的经营决策机构，其主要职责是执行股东大会的决议，制定公司的大政方针、战略决策、投资方向、收益分配。

（3）监督机构。监事会作为公司的又一常设机构，其主要职能是对董事会和经理人员行使职权的活动进行监督，审核公司的财务和资产状况，提请召开临时股东会等。

（4）管理机构。经理人员是企业的管理阶层，包括公司的总经理、副总经理和部门经理等，负责公司日常的经营管理活动，依照公司的章程和董事会的决议行使职权。经理层对董事会负责，实行聘任制，不实行上级任命制。

现代企业组织制度既赋予经营者充分自主权，又切实保障所有者的权益，同时又能调动生产者的积极性，它是我国乡镇企业建立现代企业制度的核心依托。

3.现代企业管理制度

按照市场经济发展的需要，要积极应用现代科学技术成果，在企业内部设置科学合理的管理机制，建立起现代企业管理制度是建立现代企业制度的根本保障。现代企业管理制度包括以下几方面的内容。

（1）有一套股东大会、董事会、监事会与经理层相互制衡的公司治理结构。

（2）具有正确的经营思想和能适应企业内外环境变化、推动企业发展的经营战略。

（3）建立适应现代化生产要求的领导制度。

（4）建立科学完整的内部管理制度。

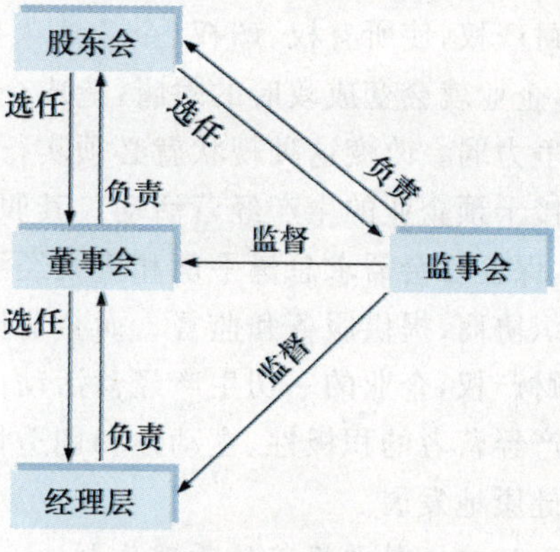

图 8-6　现代企业制度组织机构之间的关系

(5)拥有熟练地掌握现代管理知识与技能的管理人才和具有良好素质的职工队伍。

(6)在生产经营各个主要环节普遍地、有效地使用现代化管理方法和手段。

(7)建设以企业精神、企业形象、企业规范等内容为中心的企业文化,培育良好的企业精神和企业集体意识。

(三)建立现代企业制度发展乡镇企业

1.明晰产权关系,发展多元化投资主体

明确产权主要是对乡村集体企业的资产进行清理,做好登记工作,使乡村集体企业的资产权属清除,产权所有者和经营管理者的权利和义务清除,严禁化公为私或公私不分。

实施投资主体多元化,在实践中主要包括两个层面:一是对于新建企业,一起步就要严格按照《公司法》的要求,实行股权多元化;二是对于现有乡镇企业实施投资主体多元化改造。通过实施投资主体多元化,有利于企业筹集发展资金,提高乡镇企业的管理水平。

2.建立产权交易市场,实行产权流转

产权制度改革的成功与否关键在于产权交易市场的建立以及产权流转的实施情况。世界万物都不是一成不变的,企业产权也不例外,它也在无形的变化之中。在产权市场"商品化"已经逐渐地被人们所发现,在产权市场上,企业正常的重组兼并和拍卖等活动都可以进行。这样在很大程度上,为全社会产权构建的合理化奠定了基础,有利于乡镇企业进行低成本扩张。

3.转变政府职能,加强指导和服务

产权制度改革的一大目标就是实现政企分开,完善企业法人制度,确立企业法人财产权,使所有权、产权、企业法人财产权分离。政府对乡镇企业管得过多、过死,企业就会变成政府的附庸,造成企业内无压力,外无动力,经济效益低下,市场竞争力弱。改变这种现状就必须实行政企分开,政府不要再扮演经营者的角色,不直接干预企业的生产经营活动。其职能应转变为:运用经济、法律和必要的行政手段,保证社会需求总量平衡和重大经济结构布局的调整,负责统筹规划、掌握政策、组织协商、提供服务和监督。而企业作为独立的商品生产经营者依法享有企业法人财产权,企业的一切生产经营活动由自己组织、安排。只有这样,才能充分调动生产经营者的积极性、主动性和创造性。让企业自主经营,独立负责,推动企业快速健康地发展。

4.建立科学规范的管理体制

在领导层次依法设有股东会、董事会、监事会、经理的领导体制,其目的是企业

科学准确进行经营决策，让公司的权利、监督、决策、执行互相制约同时又相互联系，监督和确保决策进行的准确性，减少和避免在执行过程上的不必要的损失，有效地保证企业经营的科学性，有利于维护企业的整体利益。

5.改革劳动人事制度，实施全员劳动合同制

在企业内部建立企业与职工双向选择的制度，在企业用人和选人方面，一定要本着公平公正，强者优先的原则，根据岗位的不同要求进行人才的选择。实施全员劳动合同制度，通过合同的签订可以确保员工们的经济利益，更加保证了公司人员的运行。改革后的新的人事制度，保障了公司里的各层人员在运行机制中游刃有余地工作，使企业的运行更加有活力和竞争力。

6.完善企业分配制度，建立合理的激励机制

对于员工的收入问题，我们要打破原先的平均主义，我们要坚持以按劳分配为主体，多种分配方式并存的制度，保持公平公正，根据员工们的业绩来计算员工们的收入，充分利用市场调节和竞争制度来对员工进行合理的按劳分配。与此同时，国家、集体、企业、职工、股东是企业在进行利益分配时必须考虑的因素，按照国家的规定依法纳税，合法地获取自己的利益。在按劳分配和按股分配两种制度下，企业实现风险共同承担，利益共同享受。

7.建立健全企业劳保制度

企业要以人为本，人身安全是人们所关注的重点。而所谓的劳保制度就是对劳动保护制度和劳动保险制度的结合。企业在生产的过程中会要对生产的安全性进行全面的管理和保证，建立健全的劳动保障制度，从而保证广大劳动者的人身健康和安全。目前的保险制度已经不断地深入人心，所以建立健全劳动保险制度是势在必行的，劳动保险费用由国家和企业、个人一起承担，这样大大减轻了劳动人民的医疗负担，从而更加激励了劳动人民的劳动活力和主动力，以及创作能力，实现了企业和社会的平稳发展。

二、学习任务设计与实施

【学习任务设计】

见图 8-7。

【学习任务实施】

(1)安排学员课前通过图书馆、资料室或网络查找现代企业制度、乡镇企业建立现代企业制度有关资料。

(2)教师指导学员到本地现代企业制度比较规范的乡镇企业参观学习，增强学

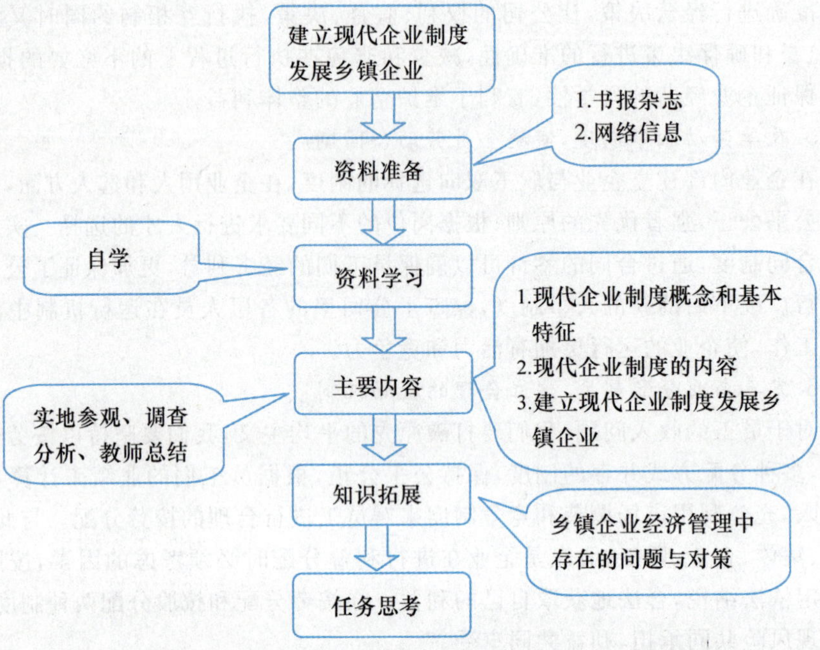

图 8-7 建立现代企业制度发展乡镇企业学习任务完成流程

员的感性认识。

(3)安排好每组学员的拓展学习,用课后作业与课前提问的方法完成知识巩固。

(4)教师指导学员分组调查本地乡镇企业在发展中遇到的问题和乡镇企业建立现代企业制度情况,提出对发展乡镇企业的建议和措施,每组写出一份调查报告(不少于 1 500 字)。

(5)教师对本任务内容进行进一步总结,指导学员正确理解现代企业制度。

三、知识拓展

乡镇企业经济管理中存在的问题与对策

(一)当前我国乡镇企业经济管理中存在的问题

1.人力资源管理相对滞后

在新经济环境下,每个企业都在培育自己的市场竞争力,而作为这种能力的创造者和执行者,他们的素质高低及管理制度的完善关系企业发展的原动力,目前乡镇企业旧的人力资源管理体制已不能适应环境的需要，乡镇企业的人力资源管理问题已成为制约其竞争力提升的瓶颈，主要表现在人员整体素质较低，观念落后，缺乏合理的绩效考核机制和人才选拔机制，导致家族式的管理方式，员工的录用、晋升、辞退不够规范，随意性大，企业的培训不到位，仅仅在于一般的技能培训，而忽视其他方面的素质提高，这些问题成为制约乡镇企业进一步发展的关键。

2. 资产管理没有规范的制度

乡镇企业的资产管理主要包括固定资产与流动资产。乡镇企业的固定资产管理十分松散。许多固定资产处于瘫痪状态，不能产生效益。此外，由于产权不清，乡镇企业资产流失十分严重，一些固定资产没有通过严格的资产评估和产权界定，在出售后其收益大打折扣。并且很多固定资产没有计提折旧，经常是后来添补，这就为会计造假提供了可乘之机。

3. 资金缺乏仍是困扰乡镇企业发展的主要难题

由于大多数乡镇企业都是从农村的集体企业发展起来的，其资金主要来源于自身的经营利润，很少享受到国家的补贴和帮助，因此并无稳定的资金来源。当企业的资金链出现问题时，企业很容易因为缺乏外部资金支持而处于困境，甚至导致破产。

(二)加强乡镇企业经济管理对策

1. 依靠政府政策，从宏观上调整乡镇企业，实行多元化发展

为了适应市场的多变，乡镇企业应采取多元化的经营战略。这种多元化的经营战略，应该是在充分考量企业自身发展的实际，同时考虑本地区的各种资源，包括自然资源、劳动力资源及文化资源的特点，发展具有地方特色的多元经营领域。同时，乡镇企业多元化的生产经营方式、灵活多变的经营战略，既有别于国有企业单一化的生产经营现状，又有别于其他类型企业单纯以盈利为目的的经营方式。改善经营机制，激发企业活力能否建立一套灵活有效的经营机制，是乡镇企业成功与否的关键所在。

2. 要加强合理选才用人

企业的发展最关键因素在于人。合理用人，因人施用也是企业管理者自身素质的重要方面。用人得当则事业兴，用人不当则事业衰。作为乡镇企业管理者就要根据下属各自的特点，把合适的人放到合适的岗位。这样才能最大限度地发挥每个人的能力，保障工作顺利开展。为了促进乡镇企业的技术创新，县及乡镇级政府和乡镇企业领导都要有技术创新意识，要制定鼓励乡镇企业技术创新的政策，强化政府激励技术创新的手段，建立有效的人才战略。

3. 重视城镇和工业区规划

从乡镇工业发展历程来看，乡镇工业污染蔓延的原因均源于杂乱分散的工业布局。在乡镇企业规模小，技术装备落后，分布分散的情况下，难以建设集中的基础设施，环境污染难以控制，这些均制约了乡镇工业升级换代的步伐，影响了规模经济效益和小城镇的建设与繁荣。因此，应调整乡镇企业布局和发展大批中小工商业城市，在农村工业化进程中逐步形成相对集中、布局合理的工业区和工商业城镇，继续推动乡镇企业点源治理，把改善乡镇工业布局，推动工业区的建设当作乡镇环境管理的一项首要任务。

4.加强技术创新与乡镇企业产业结构的升级

科学技术是第一生产力。乡镇企业为了进一步提高自身的发展潜力和竞争实力，必须充分重视科学技术的应用与创新。首先，乡镇企业要从自身的生产技术状况出发，准确查找与国内外知名企业的技术差距，积极实施"科技兴企"的经营发展战略，加快企业的技术更新速度，在提高企业自身生产经营效率的同时，不断丰富产品的结构、提高产品的质量，实现产业结构的不断升级。其次，乡镇企业应当充分重视与农村、农民、农业之间的联系，重视自身在我国农业产业化发展中的责任与义务，促进我国农业现代化的尽快实现。再次，乡镇企业的领导要不断提高自身在技术创新与应用方面的素质与能力，实现科学技术在企业生产、销售、物流等环节的积极作用，带动企业的更快发展。乡镇企业也要加强资产管理和资金筹集，农村信用社要重点扶持优势乡镇企业。

（资料来源：http://mgmt.cssn.cn/glx/glx_qygl/201310/t20131022_450247.shtml）

四、任务思考

（1）现代企业制度的概念和特征是什么？

（2）现代企业制度的内容有哪些？

模块四

乡村市场与社会化服务体系建设与管理

项目九　乡村市场建设与管理

项目十　农业社会化服务体系建设与管理

建设现代农村市场体系不仅是新农村建设的重要任务，也是我国经济发展进入新的战略机遇期提出的战略任务。建设中国特色现代农业，必须建立完善的农业社会化服务体系。本模块介绍乡村市场与社会化服务体系方面的内容，通过本模块学习，让农民充分利用市场来指导生产经营活动，充分利用好社会化服务组织，搞好农业生产经营活动，增加农民的收入。

项目九　乡村市场建设与管理

【引导案例】

河北：农村产权交易市场建设将加速推进

作为2014年国供销社系统的4个改革试点省份之一，河北省供销社的改革将如何推进？记者从今天召开的全省供销合作社综合改革工作会议上获悉，河北省已经划定改革的具体路径，将以“密切与农民利益联系”为核心，在5个关键环节和重点领域撕开“口子”，强力突破。其中，供销社主导的农村产权交易组织体系将在年内加快组建，农村产权交易市场将在河北省建成。

农村产权交易是促进土地规范有序流转和激发农业生产要素活力的关键环节。今年，省供销社将在组建农村产权交易所上力争实现突破，不仅为农村产权上市流通，提高农民财产性收益提供平台，也为供销社创新农村合作金融体系提供信用支持。目前，省供销社正在加快组建“河北省农村产权交易公司”，与各市、县建立的分支机构对接。条件成熟的情况下，将逐步与农村合作银行、农信担保公司、农业合作保险的分支机构相对接，为其提供抵押（质押）物评估的信用保障，形成相互支撑、相互依托的服务三农生产生活的金融综合平台。

（资料来源：http://hebei.hebnews.cn/2014-06/11/content_3983390.htm）

案例启示：供销社主导的农村产权交易组织体系是促进土地规范有序流转和激发农业生产要素活力的关键环节，是乡村市场建设的重要内容。建设现代农村市场体系不仅是新农村建设的重要任务，也是我国经济发展进入新的战略机遇期提出的战略任务。

【项目目标】

完成本项目学习任务后,你应该能

1.掌握农产品市场特点,乡村市场体系内容

2.理解市场经济运行机制,建立健全乡村市场体系

3.了解农产品市场分类

4.掌握农产品市场信息的内容,正确把握如何充分利用农产品市场信息

【项目任务描述】

本项目分为认知乡村市场、建立健全农产品市场体系二个任务。通过本项目任务的操作与学习,能让学员认知农产品市场特点、乡村市场体系、建立健全乡村市场体系;并掌握农产品市场信息的内容,正确把握如何充分利用农产品市场信息等。通过学习,能增强学员对本项目的学习兴趣,培养学员查阅资料、观察分析、调查研究和沟通协作等能胜任岗位工作的职业素质。

任务十七 认知乡村市场

一、任务准备

(一)认知社会主义市场经济

市场经济是以市场为基本手段,通过市场机制的作用,把资源分配到需要和有效的地方,优化资源配置,取得最佳经济效益的资源配置方式。

市场经济是社会资源配置主要由市场机制进行调节的经济。市场机制是市场经济运行的基础,由价格、竞争、供求和风险机制构成。在各运行机制中,价格机制是市场运行机制的核心,是其他各种机制发挥作用的基础。供求机制、竞争机制、利率机制等均靠价格机制才能发挥作用。

(1)价格机制。价格机制是通过价格涨落调节商品和其他要素的供求关系,指导生产和消费的经济运行机制。商品价格围绕商品价值波动,当商品价格大于价值时,生产经营者就能获得额外的纯收入;反之,就要亏本。市场价格是以价值为基础、由供求关系调节形成的一种均衡价格。

价格机制可以引导供求关系,使供求达到相对的平衡。同时利用价格机制在法律许可的范围内进行价格竞争,成为一种重要的竞争手段。

(2)供求机制。供求机制是通过供求关系的调节，形成均衡价格，从而指导供求双方行为的运行机制。供给大于需求，商品供过于求，形成积压，价格下跌；供给小于需求，商品供不应求，形成短缺，价格上涨；供给等于需求，商品供求平衡，市场稳定，价格平稳。

(3)竞争机制。竞争机制是通过合法竞争，在价格和其他方面形成优势从而提高经济水平，到达优胜劣汰的运行机制。

(4)风险机制。风险机制是通过风险和预期收益之间的关系，形成风险和收益的相互关系，指导经营者经营行为的运行机制。包括风险的形成、风险的分散和风险的承担等内容。

(二)乡村市场体系

市场体系是指由各种市场要素和各个相对独立的市场所构成的市场统一体。在这个市场统一体中，各种市场相互依存、相互制约、共同作用于农村经济。从市场交易对象来看，乡村市场体系包括商品市场、劳动力市场、金融市场、科技市场、产权市场等。

1.商品市场

商品市场是指用于交换的客体都是用形的物质产品组成的市场。由于物质产品是人类的第一需要，所以，商品市场是市场体系的基础，商品市场的完善程度，直接影响着市场体系的建设。

2.劳动力市场

劳动力市场是指以劳动力作为交换客体的市场。这种交换的客体不是现实的商品，而是劳动者以不同形式支出的体力和智力，或者说劳动力。

根据劳动者提供劳务的不同形式和不同内容，可以把劳务市场分成三种类型。一是技术市场，这是以科技、信息、知识的交换为主的市场类型；二是职业市场，指从事某一职业和进行职业选择的市场，交换客体是劳动者体力、脑力和技能；三是服务市场，统称第三产业的劳务市场，包括交通运输业、邮电通讯业、商业饮食业、物资供销和仓储业、金融业、保险业、地质普查业、房地产管理业、公用事业、居民服务业、旅游业、信息咨询服务业和各类技术服务业、教育、文化、广播、电视、科学研究、卫生、体育和社会福利事业等劳务市场。服务市场在我国乡村具有广阔的前景。

3.金融市场

金融市场是指资金融通和有价证券买卖关系的总和。我国农村金融市场由下面几个体系组成。

(1)农业政策性银行。指中国农业发展银行体系。它是专门为实现中央政府的农业政策设立的,如支持农业的基础性建设、扶贫贷款、扶持老少边穷地区的专项贷款等。

(2)商业银行体系。包括建设银行、工商银行、农业银行、邮政储蓄银行等,在农村主要是农业银行系统、邮政储蓄银行系统。

图 9-1 金融超市

(3)农村信用合作社。这是由农户和合作经济组织自愿入股组建的信用合作金融系统。目的是为社员发展商品生产服务,实行自主经营、自负盈亏、自担风险的经营方式。

(4)村镇银行。是指经中国银行业监督管理委员会依据有关法律、法规批准,由境内外金融机构、境内非金融机构企业法人、境内自然人出资,在农村地区设立的主要为当地农民、农业和农村经济发展提供金融服务的银行业金融机构。村镇银行不同于银行的分支机构,属一级法人机构。

4.科技市场

科技市场的本质特征也属于劳务交换,是劳务市场的范畴。由于科技是第一生产力,对今后乡村经济的发展起决定性作用,所以我们把科技市场提到重要的位置。

科技市场交换的内容和广泛,如:科技成果、科技信息、科技人才等。与发达国家相比,科学技术对我国农业增长的贡献份额还很低,我国农村的科技市场前景广阔。作为乡村管理人员要增强科技意识,努力搞活农村科技市场,充分发挥科技对发展生产力的作用。

5.产权交易市场

产权交易市场是指供产权交易双方进行产权交易的场所。狭义的产权交易市场是指社会主义市场经济条件下,各类企业作为独立的产权主体从事以产权有偿转让为内容的交易场所。包括现在的产权交易所(中心)、资产调剂市场、承包市场或租赁市场等。这种定义的产权交易市场包括有形场所、市场运行规则、市场服务等内容。广义的产权交易市场是指交换产权的场所、领域和交换关系的总和。它也是经济体制改革和经济发展过程中的围绕产权这一特殊商品的交易行为而形成的特殊的经济关系。

(三)建立健全乡村市场体系

1.提高对市场与"三农"问题的认识

进一步解放思想,彻底摆脱小农经济和计划经济思想的影响,树立市场经济思维,用新的目光看待市场,从市场的角度看待"三农"。现代农业要从生产拓展到市场,成为商品化经济的产业,农民要由生产者成为经营者,成为市场的经营主体。建设现代农村市场体系不仅是新农村建设的重要任务,也是我国经济发展进入新的战略机遇期提出的战略任务。

2.加快建设和发展现代商品市场体系

当前农村基本上是分散的家庭经营的小生产方式,小生产与大市场的矛盾制约了农产品的销售和市场发展,必须建立适应农业产业化的市场体系,创新农产品流通体制:改造传统集市,发展合作社等中介组织,建设标准化的农产品批发市场,推广网上交易,重点建设好期货市场,扩大农产品及加工产品出口,推广"农超对接",组织好农产品进城销售,从而为农产品交换的实现提供更加广阔和便利的市场条件。其次要建设好消费品市场,形成以连锁经营、物流配送为代表的现代流通方式和以城区店为龙头、乡镇店为骨干、村级店为基础的现代农村流通网络。加快农家店建设,扩大覆盖面,拓展经营范围,提高服务功能。第三要建设好农业生产资料市场,建设以乡村两级网络为基础,以农资交易市场为平台,以大型农资企业为重点,以区域性连锁配送中心为骨干的农资流通体系。规范农资农家店的建设,发挥供销社农资企业的主导作用。

3.积极培育和发展农村要素市场

当前农村要素市场的发展比商品市场缓慢得多,要着重发展资本、劳动力和土地三大市场,尤其要关注农村金融问题,要着重解决长期以来农村在金融资源配置中处于不利地位的问题。重点是继续改革与创新农村金融体系,解决农村金融存在的网点覆盖率低、服务单一和垄断化问题,解决农村融资难、成本高与农村经济低效益之间的矛盾，引入多样化竞争主体，发展以农村信贷市场为主的农村金融市场。规范非正规金融市场，放宽市场准入条件，引导民间金融组织正规发展，有效发挥民间借贷的补充作用。

4. 扎实做好各类农村产权的确权登记颁证工作，为农村产权流转交易奠定权证基础

目前，土地集体所有权、林权的确权已基本完成，土地承包经营权确权正在进行，集体建设用地使用权、宅基地使用权及相关的房屋财产权确权在一些地区也已启动，此外还有集体经营性资产（企业等）、集体公益性资产（学校等）、国家投入类资产（道路、水利设施）等其他集体资产需要确权登记颁证。各类农村产权的确权登记颁证是农村产权流转交易市场发展的基础。在设计建立农村产权流转交易市场之初，首先需要总体上安排好农村产权确权登记颁证工作，按照不同的产权类别，依据现有的工作进展，统筹规划落实各类农村产权的确权登记颁证工作，做到权利清晰、登记入库、颁证到户。农村产权确权登记颁证工作应与国家不动产统一登记工作有效衔接，既要发挥各个分管部门的工作效能，又要对不动产及农村产权的权证登记及管理进行统一部署。各类产权确权登记信息系统要统一规范，为建立统一的产权流转交易市场奠定扎实的权证基础。

二、学习任务设计与实施

【学习任务设计】

见图 9-2。

【学习任务实施】

（1）安排学员课前通过图书馆、资料室或网络查找乡村市场体系、建立健全乡村市场体系有关资料。

（2）在教师的指导下，分组讨论引导案例《河北：农村产权交易市场建设将加速推进》和案例《吉林省加快建设农村市场体系》，说说农村供销合作社为什么要进行改革？从当地农民实际需要出发，农村市场要从哪些方面进行改革？如何加快建设农村市场体系？讨论结束后每组写出一份学习收获体会。

（3）每组选一名代表，在全班讲解学习途径和讨论、调查的收获，其他组员做补充发言，全班讨论。

（4）教师组织学员讨论任务拓展内容，正确理解农产品期货市场。

（5）教师对本任务内容进行进一步总结，指导学员掌握乡村市场体系。

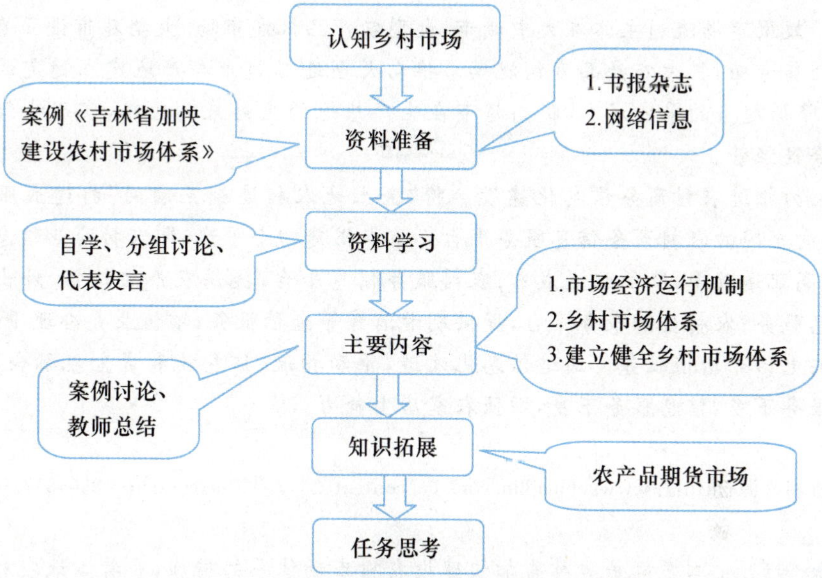

图 9-2 认知乡村市场学习任务完成流程

【典型案例】

吉林省加快建设农村市场体系

继续做好“万村千乡市场工程”建设工作。着重加强农村商品配送中心的建设，完善农村物流配送基础设施，提高承办企业配送能力。加快推进农家店“一网多用”，扩大药品、电信、邮政等产品经营，提升农家店综合服务功能。努力提高农村商业信息化水平，扎实推进“金土地店店通”工程，支持承办企业与农家店的信息化建设，逐步打造信息畅通、配送快捷、管理高效的“万村千乡市场工程”体系。

大力培育农产品批发市场和农贸市场，有步骤地进行升级改造。鼓励农产品批发市场建立大型批发交易区、质量检测系统、质量安全可追溯系统、电子结算系统、信息采集发布和冷链物流系统。鼓励农贸市场改善经营环境，提升服务质量。逐步形成布局合理、功能完善、管理科学的农产品市场体系。

继续推广《标准化菜市场设置与管理规范》，充分发挥第一批标准化菜市场的示范作用，培育一批环境整洁化、价格大众化、商品品牌化、量器具统一化、消费安全化、设施人性化的企业。

鼓励大型连锁超市和大型流通企业进行“农超对接”。积极探索“超市(批发市场、龙头企业)+专业合作社+基地”的营销方式,优化流通环节,扩大“订单农业”规模。鼓励市场流通主体在大中城市、大型农产品批发市场、大型超市设立直销门店和销售专柜,扩大农产品直销规模。推动大型连锁超市与产地建立稳定的购销关系,降低超市的采购成本,提高超市在生产基地的生鲜采购比率,实现生鲜产品全新冷链经营。

大力推进农村商务信息化建设。将“金土地农村连锁互动网”打造成服务全省、面向全国的农村商务信息服务平台。重点搭建四个平台,即农村商业信息化平台,提高配送效率,降低配送成本;农村服务信息平台,提供农产品销售、外出务工等信息服务;农村金融服务平台,提供刷卡消费等金融服务;增值业务办理平台,增加公共电话等增值服务。通过信息化改造,推动物流、信息流和资金流融合,促进金融服务下乡、信息服务下乡,增强农家店生命力。

(资料来源:http://www.chinajilin.com.cn/content/2012-04/09/content_2504817.htm)

案例启示:本案例是吉林省加快建设农村市场体系的措施,看看本地农村市场体系建设还有哪些好的措施或建议。

三、知识拓展

农产品期货市场

在现代市场经济中,现货交易与期货交易相辅相成,共同促进社会经济发展。随着农业市场化程度的不断加深,农产品期货市场的培育和发展也将成为完善农产品市场体系的重要内容之一。农产品期货交易的作用如下:

1. 发现价格

由于期货交易是公开进行的对远期交割商品的一种合约交易,在这个市场中集中了大量的市场供求信息,不同的人、从不同的地点,对各种信息的不同理解,通过公开竞价形式产生对远期价格的不同看法。期货交易过程实际上就是综合反映供求双方对未来某个时间供求关系变化和价格走势的预期。这种价格信息具有连续性、公开性和预期性的特点,有利于增加市场透明度,提高资源配置效率。

2. 回避风险

期货交易的产生,为现货市场提供了一个回避价格风险的场所和手段,其主要原理是利用期现货两个市场进行套期保值交易。在实际的生产经营过程中,为避免商品价格的千变万化导致成本上升或利润下降,可利用期货交易进行套期保值,即在期货市场上买进或卖出与现货市场上数量相等但交易方向相反的期货合约，使期现货市场交易的损益相互抵补。锁定企业的生产成本或商品销售价格，保住既定利润，回避价格风险。

3. 套期保值

在现货市场上买进或卖出一定数量现货商品同时，在期货市场上卖出或买进与现货品种相同、数量相当、但方向相反的期货商品（期货合约），以一个市场的盈利来弥补另一个市场的亏损，达到规避价格风险的目的交易方式。

期货交易之所以能够保值，是因为某一特定商品的期现货价格同时受共同的经济因素的影响和制约，两者的价格变动方向一般是一致的，由于有交割机制的存在，在临近期货合约交割期，期现货价格具有趋同性。

四、任务思考

（1）乡村市场体系的内容有哪些？

（2）如何建立健全乡村市场体系？

任务十八 建立健全农产品市场体系

一、任务准备

（一）农产品市场的特点

农产品市场是指农产品进行交易活动的场所或农产品商品交换活动的总和。

1. 市场广阔，购买的人数量多而分散，需要建立广阔的销售网点

所有的消费者都是农产品的消费者，人类要生存，就必须消费食物，食物来源于农产品，所以，从某种意义来说，农产品市场是人类整体，这是农产品市场需求的显著特征。由于农产品的消费者居住分散，为了尽量扩大农产品的消费群体，农产品生产者需要相应建立大量的销售网点。

2. 消费者购买多属小批量的经常购买，购买频率高

由于农产品保质期较短，不耐贮藏，消费者一次购买的数量较少，消费完后，会重复购买，呈现购买频率高的消费特征，对生活必需的农产品，该特征尤为明显。

3. 生活必须农产品需求弹性小，享受农产品需求弹性大

生活必须农产品如大米、蔬菜、猪肉等，是人们每天几乎都要消费的农产品，这

些生活必需的农产品需求不会随商品价格的较大幅度变化而发生大的改变，也就是说，价格下降，消费者不会增加较多购买量，价格升高，消费者的购买量也不会大量减少。其余的享受农产品如高档水果、花卉及由农产品加工的食品如饼干、糕点等，当价格下降，消费者会增加较多购买数量，而价格一旦上升，消费者则大量减少购买数量，表明消费者对这类农产品的购买量随价格的变化，会出现较大幅度的变化。

4.不需要售后技术服务

进入消费市场的农产品是最终产品，消费者购买后直接消费，是最终消费，不需要农产品生产者提供技术服务。

5.注重消费安全

虽然绝大部分农产品价格不高，农产品消费支出在消费者总支出中的比重并不大，但是，由于农产品的消费将直接影响消费者的身体健康。因此，消费者在选购农产品时更注重消费的安全性。

(二)农产品市场的分类

从不同的角度，根据不同的需要可以把农产品市场分为各种不同的类型，比较常见的分类有：

1.按流通区域划分

(1)国内市场。国内市场是指一定时期国家内部农产品商品交换关系的总和或农产品交换场所。国内市场还可分为城市市场和农村市场。

(2)国际市场。国际市场是各个国家和地区的经济贸易往来和国际分工联系起来的农产品商品交换关系的总和或农产品交换场所。

2.按流通环节划分

(1)交购市场。农产品生产是分散进行的，所以农副产品先集中在农村产地的采购市场，然后批发、调拨供应集散市场。

(2)批发市场。批发市场指专门起着中转商品作用的，进行商品转卖的交易场所。目前我国发展起来的贸易货栈已成为主要的批发市场。

(3)零售市场。零售市场指从批发商或生产者购进商品，直接满足人们需要的商品交易场所。

3.按农产品的使用价值划分

(1)生活消费市场。指以满足居民个人及其家庭所需要的生活资料为对象的市场。

(2)生产消费市场。指以满足生产单位或个人进行再生产所需要的生产资料为对象的市场。

图 9-3 批发市场

4.按照交易场所的性质划分

可将农产品市场分为产地市场、销地市场和集散与中转市场三类。

(1)产地市场。即在各个农产品产地形成或兴建的定期或不定期的农产品市场。产地市场的主要功能是为分散生产的农户提供集中销售农产品和了解市场信息的场所,同时便于农产品的初步整理、分级、加工、包装和储运。产地市场的主要特点是:①接近生产者;②以现货交易为主要交易方式;③专业性强,主要从事某一种农产品交易;④以批发为主。像山东寿光蔬菜批发市场、河北永年县南大堡蔬菜批发市场等都是具有一定规模的产地市场。

(2)销地市场。设在大、中城市和小城镇的农产品市场。还可进一步分为销地批发市场和销地零售市场。前者主要设在大、中城市,购买对象多为农产品零售商、饭店和机关、企事业单位食堂。后者则广泛分布于大、中、小城市和城镇。销地市场的主要职能是把经过集中、初加工和储运等环节的农产品销售给消费者。

(3)集散与中转市场。其主要职能是将来自各个产地市场的农产品进一步集中起来,经过再加工、储藏与包装,通过批发商分散销往全国各销地批发市场。该类市场多设在交通便利的地方,如公路、铁路交会处。但也有的自发形成的集散与中转市场设在交通不便的地方。这类市场一般规模都比较大,建有较大的交易场所和停车场、仓储设施等配套服务设施。

5.按照农产品交易形式划分

农产品市场可分为现货交易市场和期货交易市场。

(1)现货交易市场是进行现货交易的场所或交易活动。所谓现货交易是指根据买卖双方经过谈判(讨价还价)达成的口头或书面买卖协议所商定的付款方式和其他条件,在一定时期内进行实物商品交付和货款结算的交易形式。现货交易又分为即期交易和远期交易。前者指买卖双方立即进行的一手交钱、一手交货的交易。我国目前进行的小额农产品市场交易多属于此类。而后者是指根据买卖双方事先签订的书面形式的农产品买卖合同所规定的条款,在约定的时期内进行实物商品交付和货款结算的交易形式。我国目前出售大宗农产品多采用远期现货交易形式。

(2)期货交易市场就是进行期货交易的场所,如郑州粮食期货交易所。所谓农产品期货交易的对象并不是农产品实体,而是农产品的标准化合同。

6.按照商品性质划分

农产品市场还可分为粮食市场、蔬菜市场、肉禽市场、水产市场、果品市场、植物纤维市场等。

(三)建立健全农产品市场体系

加强农产品市场体系建设,对扩大内需,保障农产品有效供给,促进农民增收、引导农村消费,推动农村经济结构战略性调整、确保农业和农村经济稳定增长,都具有重要意义。为此,应努力做好以下工作。

1.对农产品市场体系建设进行科学规划与布局

要科学制定农产品市场体系建设规划及实施纲要,从宏观上加强对农产品市场体系建设的指导。各级地方政府要坚持因地制宜、分类指导、务求实效、循序渐进的原则,对农产品市场体系的建设进行统一规划,避免盲目建设和重复建设。同时,在规划新建市场时,要着眼于多层次、多类型、多功能的发展定位,在现有市场基础上进一步规范发展,完善市场功能,增强辐射能力,切实做到农产品市场规划的科学性与合理性。

2.完善市场的基础设施建设,推进农产品市场的现代化管理

市场基础设施建设是农产品市场体系建设和发展的重要保障。因此,要加快传统集贸市场和农产品批发市场的整合、改造和升级,特别是要加强重点产区和集散地农产品批发市场、集贸市场等流通基础设施建设,改善交易条件,提高交易效率。重点要加强市场场地的硬化、水电路配套、交易棚厅,以及农产品加工和贮藏保鲜等设施建设,尽快改变市场设施简陋和脏乱差状况。同时,要完善市场服务功能,提高农产品市场体系的网络化程度。加强对仓储设施、配送系统、通信、信息网络、电脑结算系统、农产品质量安全检验检测系统等农产品市场的配套设施建设。

3.加快市场的信息化建设

逐步健全各级信息服务体系，为农民提供市场信息、购销对接等服务，衔接产销，着力解决农产品卖难问题。

4.加强农产品流通网络建设

一是继续实施“双百市场工程”，支持大型鲜活农产品批发市场和县乡农贸市场升级改造；二是培育“农超对接”龙头企业，支持大型连锁超市、农产品流通龙头企业与农村专业合作组织对接；三是促进“农超对接”基地品牌化经营，提升基地农产品品牌知名度和市场竞争力，强化农产品基地农民培训，提高农民进入市场的能力。

5.健全市场法律体系和监督机制，规范市场秩序

健全的法律体系和高效的监督机制是规范市场秩序的基本前提，也是市场体系建设和健康发展的必要保证。因此，要以公平竞争为原则，致力于维持市场秩序，保护合法经营，维护生产者、经营者和消费者的合法权益，坚决取缔各种违章违法经营，严厉打击制假售假、商业欺诈等违法行为，逐步完善各项交易服务设施，尽快解决农产品市场体系建设中市场主体和客体市场准入、市场载体功能缺失、中介组织定位的问题。国家对此应制定相应的法律法规，集中对涉及农产品市场体系建设的有关法规、政策等进行清理，消除不利于农村商品市场体系建设的各种政策性障碍。加快制定、补充和完善与有关法律、法规配套的条例、实施细则，使法律、法规更有可操作性。

6.培育壮大市场主体

积极培育、壮大农产品经纪人队伍，围绕农产品流通政策、运销贮藏加工技术、质量安全知识与法规、农业科技等内容开展农产品经纪人培训，向农产品经纪人提供市场信息服务，帮助他们提高素质，增强市场开拓能力。积极引导农民营销合作组织发展，鼓励运销大户、农产品加工和流通企业领办营销合作组织，提高农民参与农产品流通的组织化程度，增强市场竞争力。

7.清理整顿农产品市场的各种收费

大力整顿农产品市场收费，降低过高的收费标准，取缔各种不合理收费，合并重复收费项目，已停收的各种税费一律不得恢复。推广统一收费经验，实行一费制，解决多头或重复收费问题。

二、学习任务设计与实施

【学习任务设计】

见图 9-4。

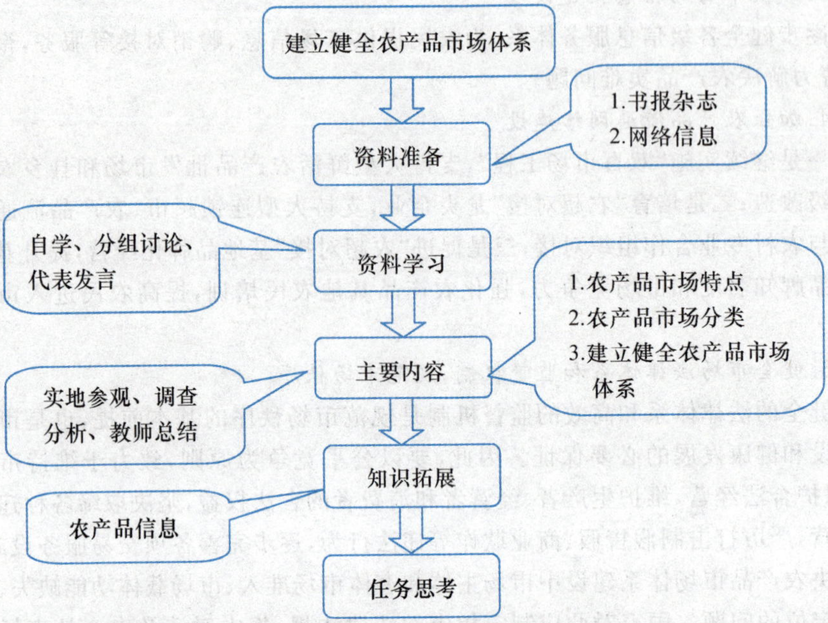

图 9-4 建立健全农产品市场体系学习任务完成流程

【学习任务实施】

(1)安排学员课前通过图书馆、资料室或网络查找农产品市场特点、建立健全农产品市场体系、农产品信息的有关资料。

(2)教师指导学员到本地农产品市场参观学习,增强感性认识。

(3)安排好每组学员的拓展学习,用课后作业与课前提问的方法完成知识巩固。

(4)教师指导学员分组调查本地农产品市场发展状况,农民对建立健全农产品市场体系有哪些需求,对本地农产品市场的发展提出自己的建议和措施,每组写出一份调查报告。

(5)教师对本任务内容进行进一步总结,指导学员如何充分利用农产品信息。

三、知识拓展

农产品信息

建立健全农产品市场体系必须充分重视农产品市场信息工作。

(一)农产品市场信息的内容

农产品生产者需要的信息是多方面的。总的来说,主要可以分为以下几类。

1. 市场信息

市场信息是农产品生产者决策前需要掌握的主要信息。

主要的市场信息内容包括:①市场供给信息。上年度产品生产总量、产品进出口情况、本年度产品供给情况预测、相关产品供给情况等。②消费者需求信息。上年度市场消费总量、本年度市场需求量预测、消费者收入水平变化情况、消费者需求偏好变化情况等。③市场价格行情。上期市场价格水平和波动情况、当期价格水平、未来价格走势预测等。④相关政策信息。政府农业产业政策、政府宏观调控政策等。把握国家宏观调控政策信息,对相关生产者来说,也意味着孕育着市场机会。⑤产品动态信息。市场畅销品种、新品种信息、产品质量标准信息等。先于竞争者获得新品种的信息,在竞争中就掌握了优势,了解各种优质农产品相关质量指标信息,可以指导农产品生产的标准化,使农产品符合市场需求。如目前,我国已经对八类粮食品种制定了新的质量标准指标体系,这对相关产品生产者来说,是应该了解的重要信息。

2. 实用技术信息

与工业产品不同,农产品在生产过程中,容易受到外界环境的影响而造成损失,如旱灾、涝灾、冰雹、病虫害、瘟疫等。因此,农产品生产者需要先进适用的抗旱、抗涝、抗雹、抗虫、抗病等抵抗自然灾害的技术。在农产品收获后,生产者也需要农产品保鲜技术信息、优质农产品质量标准信息、农产品包装技术信息等实用技术信息。这些信息对农产品生产者解决经营过程中的实际困难,具有较强的现实指导作用。

3. 农业科研动态信息

在竞争越来越激烈的市场环境下,了解科研发展的最新进展,对农产品生产者的未来决策具有重要意义。由于农产品的生产特性,生产周期长,生产过程中不能改变决策,因此,农产品生产者在生产之前,要谨慎决策,掌握农业科研的一些发展动态信息,能够增强决策的准确性。

(二)农产品市场信息收集的方法

农产品生产者如何来获得所需的信息呢?具体来说,生产者可根据信息的种类采取不同的收集方法。

1. 收集二手信息的方法

在市场营销实践中,已经被编排、加工处理出来的数据、资料信息称为二手信息。获得二手信息的速度较快，而且成本也低。农产品生产者收集二手信息的主要途径有：①订阅报刊。农产品生产者可以到邮局订阅市场营销、市场报、农民日报等报刊，从中获得产品和市场信息。②收听广播、收看电视节目。农产品生产者可以从广播、电视中了解国家政策方针、产业发展情况、产品供求信息等。③购买统计出版物及相关书籍。政府的统计年鉴、农业技术普及读物，也是农民掌握市场信息和生产技术的有效途径。④上网。科学技术不断为人们提供越来越便捷的获取信息的途径，网络就是其中之一。对农产品生产者来说，市场信息显得更加重要，谁先掌握信息，谁就将在竞争中占据优势。因此，具备一定条件的农产品生产者，可以通过网络获取信息，使自己及时把握市场动态。随着网络的发展，我国农产品网络建设方面也获得了较大的发展，目前农产品相关的政府网站和商业网站都比较多。农产品生产者可以通过网络获得产品供求、价格、技术、政策、展销会、国际市场动态等各种信息。

国内主要农产品相关网站：中国农网，中国农业信息网，中国农业经济信息网，中国农产品信息之窗，中国农产品贸易网，中国农产品供求信息网等。

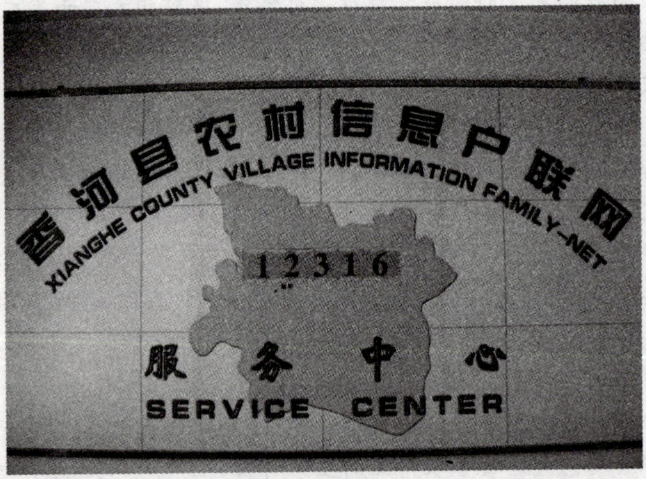

图 9-5 信息服务中心

2.收集原始信息的方法

农产品生产者获得的二手信息，多数只能对农产品生产者起宏观指导作用，在涉及具体某方面经营决策中，生产者还应该收集原始信息。原始信息是指为具体的目标专门收集的信息，如新产品的市场分析、消费者态度调查等。原始信息主要通过市场调查收集，农产品生产者可以根据具体的项目制订市场调查计划。农产品市场调查计划的内容主要包括：

(1)调查的方法。农产品原始信息的收集主要采用问询式调查的方式。也就是直接询问被调查者与调查内容相关的问题。如新产品的命名、口感测试调查、消费者消费偏好调查、广告宣传的效果调查等都可以采用直接询问消费者的方式获得所需信息。

(2)与调查对象的接触方式。农产品生产者在问询式调查中,可通过电话、信件、当面询问等几种方式与调查对象接触。这几种接触方式各有优缺点:通电话的方式灵活、便利,但是受通话时间的限制,双方只能做简短的交流,成本也较高;信件,通信成本低廉,但是回收率不高,而且所需时间较长;当面询问,调查者能根据调查对象的反应灵活处理,深入话题,但这需要大量的高素质的调查人员,成本也较高。农产品生产者可根据具体的调查项目选择接触方式。

(3)调查对象的选择方式。在问询式调查中,农产品生产者还面临一个问题,即如何选择调查的对象?一般来说,选择一部分有代表性的调查对象即可获取准确性较高的调查结果。调查人员可以采取随机方式选择调查对象,也可以依据年龄、性别、收入水平等不同标准进行分组,从每组中抽取一定数量的人进行调查。

(4)调查表的设计。为了使调查者在调查过程中能围绕调查项目与调查对象交流。在实施调查工作前,调查人员可以设计一份调查表,将所要调查的内容详细列出。设计调查表时,要注意问题形式的设计,可设计有答案选择的问题,也可以设计自由回答的问题;注意问题的表达语气和顺序,使用简单、直接、无偏见的语气;第一个问题应尽可能引起调查对象的兴趣。

(三)充分利用农产品市场信息

1.信息的加工

信息加工是对收集来的信息进行去伪存真、去粗取精、由表及里、由此及彼的加工过程。信息的加工是在原始信息的基础上,生产出价值含量高、方便用户利用的二次信息的活动过程。这一过程将使信息增值。只有在对信息进行适当处理的基础上,才能产生新的、用以指导决策的有效信息或知识。

(1)信息的筛选和判别。在大量的原始信息中,不可避免地存在一些假信息和伪信息,只有通过认真地筛选和判别,才能防止鱼目混珠、真假混杂。

(2)信息的分类和排序。收集来的信息是一种初始的、零乱的和孤立的信息,只有把这些信息进行分类和排序,才能存储、检索、传递和使用。

(3)信息的分析和研究。对分类排序后的信息进行分析比较、研究计算,可以使信息更具有使用价值乃至形成新信息。

2.进行预测

预测是对事物将来的发展趋势做出的估计和推测。

(1)生产预测。生产预测是对将来农业生产项目、生产规模、产品结构等发展趋势的推测。农民可根据市场调查的信息,发现市场中的规律,做出正确的推测。农民也可以根据这些预测制定长远的发展计划,并随着生产的发展,不断调整生产项目,改善产品结构,扩大生产规模,提高经济效益。

(2)销售预测。销售预测是对农产品供应量、需求量、价格和农产品需求时间的预测。这类预测与农民生产经营最为紧密,也最经常。供应量预测是对农产品供应数量、供应时间的预测。把握准供应量预测,可以避开供应高峰,提前或延后上市,从而合理安排生产面积,选择生产品种进行生产,在竞争中取得优势。销售价格预测是对农产品在不同供应时间价格的预测。销售价格预测可以决定是否种植、种植多少,以及在什么时间上市价格较好。对农产品需求时间预测是因为农产品生产需要一定时间,进行需求预测要有一定超前性,以便正确安排生产时间,保证产品准时上市。

(3)经营成果预测。经营成果预测是对一定时期内的总收入、总成本、利润等内容的预测。对经营成果的估计应建立在对生产量、销售量以及销售价格预测的基础上。在生产经营开始前农民就已想到了经营成果,对经营成果的追求是生产经营发展的永久动力。

3. 开展经营决策

经营决策是农民对经营达到的目标和实现目标的措施进行的选择和决定。决策时解决特定问题而进行的决定。

(1)生产决策。生产决策是对一定时期内农业企业或农民家庭达到的经营目标、生产目标、选择生产项目、生产规模等问题进行的决定。生产决策是经营决策的核心部分,是决定其他决策方向的关键,是进行农业经济管理的中心环节。农民应充分考虑所具备的资金、劳动力、技术、设施等条件后,根据市场行情的变化趋势确定生产目标和具体的生产项目。进行生产决策时应制定具体的量化目标,一般包括生产面积、产量目标、收入目标和利润目标等。

(2)技术决策。技术决策是经营者为达到经营目标,结合农业生产实际,对采用何种生产技术措施和何种技术装备等问题的决定。农民要达到预期的生产经营目标,必须采用相应的技术措施。技术措施的选择,应以适用技术为重点。适用技术是指在特定条件下能够达到预期目的,综合效益较好的技术。适用技术不一定是先进的技术。适用技术应具备两个基本条件;一是该技术和当地自然、经济条件相适应,特别是与当地农民经济条件相适应;二是必须有良好的效益,包括经济效益、生态效益和社会效益,既能获得良好的经济效益也不会破坏生态环境。

(3)物资采购决策。物资采购决策是经营者根据以上决策对物资采购进行全面的安排。以便按时、按量采购生产所需的生产资料，保证生产的顺利进行。进行物资采购决策时，注意采购生产资料以满足生产项目和技术水平要求为标准，不能贪图便宜，随意购买劣质生产资料；否则，虽然一时占些便宜，但轻者会降低产品产量和产品质量，重者会造成严重的损失。劣质种子、假化肥、假农药等危害严重，甚至导致绝产绝收。进行物资采购决策时，应办理严格的采购手续，签订采购合同，索取对方出售物资的发票。

(4)销售决策。销售决策是对出售农产品时所采取的销售渠道、销售方式、销售价格等问题进行的决定。农产品的销售渠道和销售方式多种多样，农民应根据产品类型、自身条件、产品产量、市场供求状况和出售价格等因素，确定合理的销售范围，选择合适的销售渠道和销售方式，是产品尽快以合理的价格销售出去，收回资金，降低经营风险。

四、任务思考

(1)农产品市场的特点是什么？

(2)如何利用农产品市场信息？

项目十　农业社会化服务体系建设与管理

【引导案例】

农业社会化服务实现新突破

本报讯(记者王瑜)　从农业部获悉，我国小麦、水稻、玉米等主要农作物病虫害专业化统防统治覆盖率达到30%，比上年提高5个百分点。

高效装备总量增加，作业能力快速提升。中央财政结合农机购置补贴、农作物重大病虫统防统治等项目，加大高效器械购置补贴力度。山东、河南、湖南等省已将农业航空植保机械纳入省级农机购置补贴范围。在项目扶持带动下，植保装备逐步实现升级换代，防治方式从一家一户"人背机器"向专业化、社会化防治转变。据统计，2014年，全国日作业60亩以上的大、中型植保机械拥有量达22.7万台(套)，同比增幅13.7%；日作业能力达到7 933万亩，同比增幅4.5%。

从业队伍不断壮大，服务能力稳步提升。农业部组织实施了"百县万名农民骨干科学用药培训行动"，在100个县(市、区)开展农药科学使用、植保机械使用与维修培训，培训专业大户、农民合作社、农业企业等新型经营主体技术骨干2万名，辐射带动农民10万户。2014年，农业部门备案的规范化防治服务组织达3.6万个，同比增加3 926个；经过农业部门技术培训，持证上岗人员达52万多人，同比增加3.5万多人。

防治模式加快创新，技术水平有效提升。农业部建立了538个专业化统防统治与绿色防控融合推进示范区，借助统防统治服务平台，依托新型农业生产经营主体和病虫害专业化防治组织，推进绿色防控、综合治理，有效提升病虫害防治组织化程度和科学化水平。调查结果显示，一般融合示范区亩增产8%以上，节本增效150元以上，化学农药用量减少20%～30%。

作业规模逐年扩大，盈利能力不断提升。在"防病治虫夺丰收"行动中，中央财政实施小麦"一喷三防"和水稻"一促两防"补助政策，支持病虫害专业化防治组织、新型农业生产经营主体统一作业。通过项目扶持带动,专业化统防统治累计实施面积达 13.1 亿亩,比 2010 年翻一番。在加快推进统防统治规模作业的同时,农业部举办"专业化统防统治百强组织联百企"活动,搭建信息交流与产销对接平台,拓展统防统治盈利空间。

(资料来源:http://www.farmer.com.cn/xwpd/jjsn/201412/t20141227_1003563.htm)

案例启示:农业社会化服务是使经营规模相对较小的农业生产单位,适应市场经济体制的要求,克服自身规模较小的弊端,获得大规模生产效益的一种社会化的农业经济组织形式。应充分利用好农业社会化服务体系来发展生产。

【项目目标】

完成本项目学习任务后,你应该能

1. 掌握农业社会化服务的概念和特征,农业社会化服务的组织形式
2. 理解组建农业社会化服务体系的原则
3. 正确把握创新机制建立健全农业社会化服务体系
4. 理解并掌握农业社会化服务应建立行之有效的自我约束机制

【项目任务描述】

本项目分为认知农业社会化服务体系、建立健全农业社会化服务体系二个任务。通过本项目任务的操作与学习,能让学员认知农业社会化服务的概念和特征,农业社会化服务的组织形式;并掌握农业社会化服务应建立行之有效的自我约束机制等。通过学习,能增强学员对本项目的学习兴趣,培养学员查阅资料、观察分析、调查研究和沟通协作等能胜任岗位工作的职业素质。

任务十九 认知农业社会化服务体系

一、任务准备

(一)农业社会化服务的概念

农业社会化服务是指专业经济部门、各种经济组织和其他企业、事业单位为农

业生产者提供产前、产中、产后服务的组织体系。

(二)农业社会化服务的特征

社会化服务组织体系是我国实行农村经济改革后发展起来的,是实行家庭承包经营的客观要求,是农业社会化的必然产物。从实践经验来看,社会化服务体系有以下特征。

1.服务性

社会化服务组织的经营宗旨主要是向本组织和广大农户提供产前、产中和产后的社会化服务。他们从当地情况出发,因地因时因事制宜,为农户提供生产资料、消费资料、农副产品加工和运销、农业生产技术和市场信息等服务,沟通供需渠道,活跃农村市场。

2.多元性

农业社会化服务呈现出形式多样,内容丰富,规模各异,结构多元的五彩缤纷的特征。在服务内容上,除了劳务服务外,还可以进行资金、技术、管理、文化、法律、信息等各项服务。服务的范围,不只限于生产领域,而且扩展到商品经济各个领域和生产经营的各个环节。一个农户可以同时参加几个不同内容的社会化服务组织,同时具有多种身份,使社会化服务组织形成一种开放的网络结构。

3.专一性

服务业的从业人员,一般都具有一技之长的知识和技能,或从事艰苦环境中简单而繁重的体力劳动,他们凭自己的知识、技能和体能,从事一技之长的劳务活动,如农村中的各种能工巧匠、科技人员、经纪人等,都有自己的一技之长。

4.协调性

主要是指广大农民、乡村企业与有关部门和市场发生矛盾和交涉问题时,社会化服务组织多方出面,上下联系,根据国家法律或党的政策,切实保护他们的合法利益,有时还和政府开展"对话"争取主管部门的支持,解决有关方面的纠纷。

5.简便性

服务业的设备简便,有的甚至不需要设备,因而投资少,资金周转快,投资效益较高。

6.灵活性

服务业的组织形式灵活,可以个体经营,也可以合作经营或股份经营;可以是常年性的,也可以是灵活性的;可以是紧密型的,也可以是松散型的,只要服务对象需要,其服务形式可以随之变化。

在建立健全农业社会化服务体系过程中,应从上述特点出发,根据需要,符合实际,讲究效益,灵活经营。

(三)农业社会化服务的组织形式

目前,我国农业社会化服务组织的形式多种多样。从当前的情况来看,服务体系的组织形式可以归纳为以下几种类型。

1.技术服务型

这类组织包括有关技术部门在县、乡两级设立的事业单位、科研机构创办的服务组织、专业技术协会、专业性服务公司、涉农企业、农民个体等具体形式。服务内容包括:产前的农作物良种、优良种苗、种畜的供应与指导;产中的作物栽培技术、畜禽饲养技术和其他先进农艺技术,如:土壤改良技术、科学施肥技术、植物保护、畜禽防疫技术等;产后的科技服务则包括农产品的储藏、加工技术等。

2.供销服务型

供销服务组织主要是指农村供销合作社、农民专业合作社组织、龙头企业等提供的供销服务。服务内容包括产前和产后的各种服务。比如:化肥、农药、柴油、农机具等农用物资的供应;组织农产品收购销售服务,以及储藏、加工、运输等服务。

3.储藏加工服务型

从事这种服务的组织形式主要是农业产业化龙头企业。由于农产品大部分是鲜活产品、季节性很强,产后的服务非常重要。这是社会化服务体系的薄弱环节,今后工作的重点是增加农产品加工服务的内容,搞好种、养、加一条龙配套服务,通过农产品加工提高附加值,增加农民收入。

4.信息服务型

是指向农民提供信息咨询服务为主的组织。服务内容包括:向农民提供市场信息,指导农民以市场为导向选择生产项目,生产出适销对路的产品,以提高市场竞争能力;为农民提供各种科技信息,帮助农民牵线搭桥,引进人才、技术和项目,开拓致富之路。

5.经营管理服务型

这类服务组织提供的服务主要包括:帮助农户和乡村企业开展法律咨询、合同公证、履约监督、纠纷调解和经济仲裁等方面的法律服务。帮助农户和乡村企业开展经营决策、经营规划、经营核算、经营分析、人员培训、发布信息、上网服务等方面的服务。

6.生活服务型

包括乡村生产环境的治理、保护、文化设施建设,生活用品的采购等方面服务。帮助农户开展文化、体育、卫生等方面的服务,提高农民的生活质量。

7.劳务输出服务型

在一些农村劳动力外出就业比较多的省份,成立了相应劳动中介服务组织,通过提供信息、培训等服务，组织引导农村剩余劳动力合理有序流动。

8.金融保险服务型

金融服务主要是在农村的银行、信用社、保险公司、农村贷款公司等金融机构开展的服务。为农民生产和生活提供资金供应、担保服务，解决农民生产和生活中遇到的资金困难。

二、学习任务设计与实施

【学习任务设计】

见图 10-1。

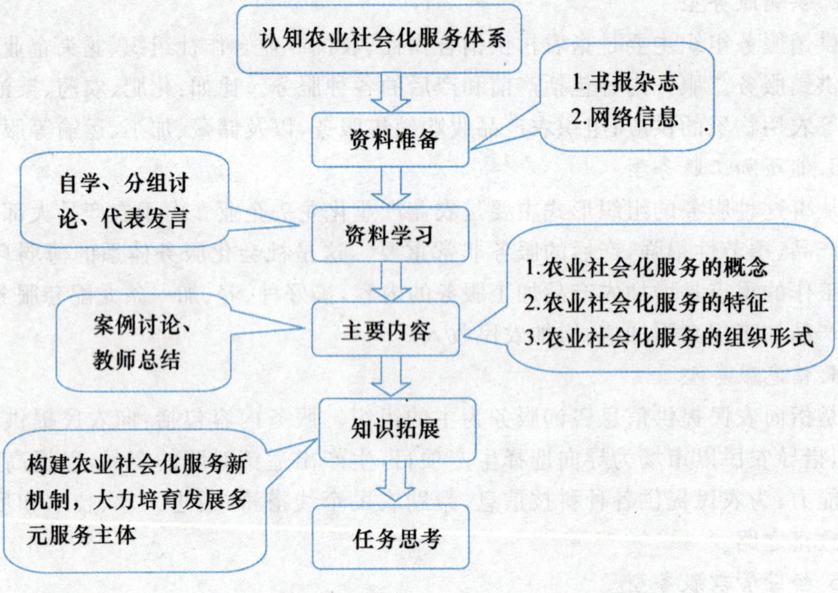

图 10-1 认知农业社会化服务体系学习任务完成流程

【学习任务实施】

(1)安排学员课前通过图书馆、资料室或网络查找农业社会化服务、农业社会化服务组织形式有关资料。

(2)在教师的指导下，分组讨论引导案例《农业社会化服务实现新突破》，说说农业社会化服务为什么发展这么快？从当地农村实际情况出发，为什么要发展农业社会化服务？讨论结束后每组写出一份学习收获体会。

(3)每组选一名代表,在全班讲解学习途径和讨论、调查的收获,其他组员做补充发言,全班讨论。

(4)教师组织学员讨论任务拓展内容,正确理解培育发展多元化服务主体。

(5)教师对本任务内容进行进一步总结,本任务的主要内容是农业社会化服务的概念、特征和组织形式。

(6)布置任务思考题。

三、知识拓展

构建农业社会化服务新机制,大力培育发展多元服务主体

建设中国特色现代农业,必须建立完善的农业社会化服务体系。

1.强化农业公益性服务体系

不断提升乡镇或区域性农业技术推广、动植物疫病防控、农产品质量监管等公共服务机构的服务能力。继续实施基层农技推广体系改革与建设项目,建立补助经费与服务绩效挂钩的激励机制。继续实施农业技术推广机构条件建设项目,不断改善推广条件。支持高等学校、职业院校、科研院所通过建设新农村发展研究院、农业综合服务示范基地等方式,面向农村开展农业技术推广。加强乡镇或小流域水利、基层林业公共服务机构和抗旱服务组织、防汛机动抢险队伍建设。充分发挥供销合作社在农业社会化服务中的重要作用。加快推进农村气象信息服务和人工影响天气工作体系与能力建设,提高农业气象服务和农村气象灾害防御水平。

2.培育农业经营性服务组织

支持农民合作社、专业服务公司、专业技术协会、农民用水合作组织、农民经纪人、涉农企业等为农业生产经营提供低成本、便利化、全方位的服务,发挥经营性服务组织的生力军作用。采取政府订购、定向委托、奖励补助、招投标等方式,引导经营性服务组织参与公益性服务,大力开展病虫害统防统治、动物疫病防控、农田灌排、地膜覆盖和回收等生产性服务。推进科技特派员农村科技创业行动。培育会计审计、资产评估、政策法律咨询等涉农中介服务组织。对符合条件的农业经营性服务业务免征营业税。

3.创新服务方式和手段

鼓励搭建区域性农业社会化服务综合平台。发展专家大院、院县共建、农村科技服务超市、庄稼医院、专业服务公司加合作社加农户、涉农企业加专家加农户等服务模式,积极推行技物结合、技术承包、全程托管服务,促进农业先进适用技术到田到户。开展农业社会化服务示范县创建。整合资源建设乡村综合服务社和服务

中心。加快用信息化手段推进现代农业建设，启动金农工程二期，推动国家农村信息化试点省建设。发展农业信息服务，重点开发信息采集、精准作业、农村远程数字化和可视化、气象预测预报、灾害预警等技术。

（资料来源：http://www.farmer.com.cn/zt/shwj/qw/201302/t20130201_805081.htm）

四、任务思考

(1)农业社会化服务的特征有哪些？

(2)农业社会化服务的组织形式有哪些？

任务二十 建立健全农业社会化服务体系

一、任务准备

(一)农业社会化服务体系的建设目标

农业社会化服务体系建设是一项长期而艰巨的任务，需要解决的根本问题是如何适应农村市场经济发展和增加农民收入的需要，适应农业发展新阶段和农产品国际市场竞争的需要，完善运行体制和管理机制的转变，建立农户生产与社会化服务之间的良性循环关系。

农业社会化服务体系的建设目标是努力建设一个适应农村社会主义市场经济要求，适应不同地区生产力发展水平的、充满活力的、多样化的农业社会化服务体系，为农业提供产前、产中、产后的全过程的综合服务。

(二)组建农业社会化服务体系的原则

针对我国的实际情况，建立健全农业社会化服务体系，在实际工作中应当坚持以下原则。

1. 自愿原则

农业社会化服务组织的建立，要根据农民的需要，通过示范和实效去吸引农民，让农民看到它的优越性，主动接受。不能违背自愿原则，因为这种来自农民的自愿需求，是服务组织存在的根基。

2.实事求是、量力而行的原则

我国地域辽阔,地区间经济发展和生产力水平存在较大差异,社会化服务体系的建设要因地制宜,根据实际情况,稳步发展。服务组织的自身建设,要量力而行,分步实施。首先要把以乡镇为重点的服务体系建立起来,逐步向下扩展并向周围辐射,做到村有服务人员、乡有服务站、县有服务中心,形成纵横相连的服务网络。

3.服务有偿的原则

除国家承担的项目和社区集体经济组织为其成员提供的服务,实行无偿或低偿保本服务外,其他各类服务组织的服务都是有偿的服务。并且通过企业化运作和市场机制的引导,不断丰富社会化服务的内容、提高服务质量。只有实行有偿服务原则,使各类服务组织获得相应的经济效益,才能激励、促进各类服务组织提高服务效率、丰富服务内容,推动其不断完善和发展。

(三)农业社会化服务体系的组织结构

农业社会化服务体系的组织结构主要有:

1.村级服务组织

村级服务组织是乡村服务体系的基础,主要由社区合作经济组织建立。村级合作经济组织的"统一经营"职能转变成"统一服务"职能。村级服务组织与农户的关系最紧密,它直接为农户服务,开展机耕、排灌、植保、收割、运销、信息等方面服务。

2.乡(镇)级服务组织

由乡(镇)农技站、农机站、水利站、林业环保站、畜牧兽医站、水产站、经营管理站、气象站等事业单位转建而成的。撤乡并镇改革之后有的乡(镇)将上述一些事业单位合并成立一个农业服务中心。乡级服务体系起着承上启下的作用,上面对着县级职能部门,下面领导协调村级服务组织,所以,乡(镇)服务组织是农业社会化服务体系的枢纽和骨干。

3.有关经济技术部门

主要包括供销合作社、商业、外贸、金融、教育、科研等为乡村直接或间接服务的事业和企业单位。从服务内容来看,供销合作社、粮食、外贸、商业等部门在全国范围内,建立起以生产资料供应和农产品收购、加工、运销出口为重点的产前、产后服务体系。农村的银行、信用社在为农民的生产生活提供小额贷款方面有了很大进展。由教育科研等单位形成的服务组织则主要提供科技成果转让、技术咨询、及时信息、人员培训等服务。

4.农民自我服务的专业服务组织

主要包括:各种农民专业协会、专业技术研究会、专业合作社、农民个人或联合

图 10-2 农业社会化服务

兴办的农产品运输、加工、销售等服务组织。这些农民自办的服务组织已经成为整个农业社会化服务体系中一支不可忽视的力量，发挥着日益重要的作用。

(四)创新机制建立健全农业社会化服务体系

面对“三农”发展的新局面，构建新型农业社会化服务体系必须走出“条块分布、纵向发展”的传统发展格局，积极探索打造涵盖农业基本公共服务、营销网络服务以及金融资本服务“三位一体、纵横结合”的立体服务新模式。

1.依托乡镇政府和涉农部门，提供农业基本公共服务

一方面，紧紧结合当前推进乡镇机构改革工作，按照“编制不增、经费不减、人员到位”的原则，在乡一级政府探索设立“基层农业社会化服务中心”，整合现行农技、农机、畜牧、水利、经管等乡级政府机构服务职能，在中心下面再分设部门，由中心根据服务任务需要，统一调度、统一安排、统一管理，改变现行农村社会化服务体系多头管但实际上又没人管的散乱局面，实现一站式服务。另一方面，依托县级农业、畜牧、水利等专业涉农部门，提供县域范围内跨乡的农业公共服务；在重大项目中，积极推广“首席专家＋协作团队＋推广单位”的综合服务模式，提高项目实施的专业化、系统化程度。

2.依托农资市场和农产品市场，提供营销网络服务

一是要健全市场体系。要健全市场交易规则，继续推进农产品批发市场建设和升级改造，发展区域性专业农产品批发市场，加快形成布局合理、设施先进、功能齐全、交易规范的农产品批发市场网络。二是要推进农村流通现代化。充分发挥现有流通网络功能，依托“万村千乡市场”、“双百市场”、“新农村现代流通网络”等工程，健全农业资料批发和销售市场。鼓励和引导其他社会力量投资农村流通领

图 10-3 玉米收割

域，健全流通网络，不断提高农村流通现代化水平。三是发展农产品流通新方式。积极发展农产品连锁经营，建设一批跨区域的大型农产品现代物流配送中心，提高农产品集中采购、统一配送的能力。要借助现代信息技术，加强农产品电子商务建设，建立农产品网上交易平台，充分利用国际、国内两个市场，扩大网上交易规模，规范网上交易行为，促进农产品电子商务健康有序发展。四是完善信息服务方式。整合现有乡村信息服务资源，充分利用网络、电视、广播、电话、短信等多种媒介，创新网上、网下有机结合的信息服务方式，把农民急需的技术、市场、劳务、政策法律等送到农民手中。

3.依托银行机构和其他金融组织，提供综合金融服务

金融是国民经济的命脉，农村社会化服务体系的发展离不开金融资本的支持。一是要大力发展农村金融组织。积极引导国有股份制商业银行到乡村设点，加快发展村镇银行，开展农村金融服务。对涉农政策性银行以及农村信用合作社设立涉农贷款比例线，贷款主要面向“三农”，并逐步增加贷款规模。在风险可控前提下，探索在农村设立小额贷款互助组织，解决农业生产资金周转困难。二是要引导农村金融组织增加涉农贷款。完善涉农贷款奖励机制，加大奖励力度，鼓励金融企业增加涉农贷款。加强金融企业与优质农业产业化龙头企业对接，缓解资金瓶颈，促进龙头企业加速发展。三是要积极创新金融服务方式。要立足农业生产特点，重点解决农业生产贷款抵押不足的问题。加强农业担保体系建设，扩大农业贷款担保规模，积极创新农业保险抵押贷款等方式。加快农村土地流转，加强农村宅基

地、农用土地与资本的结合，积极探索土地信托流转等新型金融服务方式。

(五)采取有力措施搞好农业社会化服务的经营和管理

在我国农业发展进入新阶段的形势下，现有的各种形式社会化服务组织，也暴露了一些问题，如:服务水平不高，服务功能不完善，体系不健全等。因此，必须在经营管理上下功夫。

1.树立正确的经营方针

农业社会化服务体系的经营方针应当是以服务为宗旨，为农户和其他生产经营单位提供优质、高效、全方位的配套服务。

为了搞好服务，必须增强服务组织自身的实力。所以要围绕服务办实体，为了经营办实体。同时，服务实体要形成有效的经营机制，实行企业化经营，独立核算，自负盈亏。

2.政府的积极引导

农业社会化服务体系建设和发展，离不开各级政府的帮助和支持。国家应当在政策、法律、资金、财政、信贷等各方面给以必要的支持。同时，要建立服务体系的协调制度，整合现行农技、农机、畜牧、水利、经管等乡级政府机构服务职能，彻底解决部门分割、条块分割、部门垄断、各自为政的问题，使社会化服务体系的发展达到布局合理、重点突出、服务内容齐全的要求，促进其健康发展。

3.不断强化服务功能、拓宽服务领域

要依据社会主义市场经济的发展需要，不断完善服务体系的建设，要更新和发展需要的服务项目，拓宽服务领域，发挥服务优势，为实现农业增长方式的转变贡献力量。

采取财政扶持、税费优惠、信贷支持等措施，大力发展主体多元、形式多样、竞争充分的社会化服务，推行合作式、订单式、托管式等服务模式，扩大农业生产全程社会化服务试点范围。通过政府购买服务等方式，支持具有资质的经营性服务组织从事农业公益性服务。

4.加强制度建设，做好服务组织内部的管理工作

建立健全规章制度，是社会化服务体系持续发展的保障。服务体系的制度建设和内部管理包括工作责任制度、经济核算制度、分配和奖励制度、对外服务收费制度、人员培训制度、考核考绩制度等。

5.建立行之有效的自我约束机制

(1)建立内部管理保障机制。实现社会化服务组织的内部管理效能，不但需要建立完备、系统、长效的制度，还需要构筑完善、有效的内部监督机制，强化社会化服务组织内部管理，促进社会组织的良性发展。要有针对性地对重点岗位、部位、

环节和纪律进行检查，及时发现和纠正问题，必要时可聘请社会监督员协助管理，鼓励组织成员、社会群众投诉，举报本组织内的违规不法行为。为实现监督机制的有效顺畅地运行，社会化服务组织应设立监督机构，成立独立的审计委员会和会员代表委员会，两部门实行合理的分工合作，各司其职，审计委员会专门对本组织的资金财务状况进行监督，其成员应由专业的会计财务人员构成，社会组织的会员、理事等不得担任审计委员会的成员，保持其相对独立性。监事会在代表大会选举理事会的同时选举产生，监事会主要对理事会所做的决策、执行机构的执行落实情况、相关程序的履行情况以及社会化服务组织内各项规章制度等其他事务进行监督。

(2)规范透明的运营机制。社会化服务组织特殊的结构，决定其整个运行过程应该保持公开透明，主要包括社会组织的决策、财务、目标、人事等重大事项的透明，社会化服务组织应建立严格的办事程序和运行规则，以获得本组织全体成员、社会和公众的支持，促进社会化服务组织的持续健康发展。透明运营的关键，是社会化服务组织的各项活动必须严格按照运行规则和程序展开，重大事项预告，保证会员对重大事项和日常事务的参与权，让会员代表参与重大事务的决策，允许成员询问、反映和建议，做到会员参与社会化服务组织运行的全过程；强化财务信息的透明，财务收支不透明，资金使用效率便无法公正评价，社会化服务组织的廉洁、公平、公正度难以确立，因此必须严格财务报告、审计。

(3)量化的业绩考评机制。绩效考评是社会化服务组织对其工作人员，在工作岗位上行为表现和结果方面的综合评价反映，是确定工作人员报酬、岗位调整的重要依据，也是对工作人员实施奖励、职位升迁等激励措施的重要基础。社会化服务组织应对各工作岗位职责、工作目标、行为标准等进行量化，制定科学的考评指标、考评方法，有条件的还可利用现代信息技术手段，建立长效考评机制，采用不同方式针对不同层面的工作人员进行考评，其结果与报酬挂钩，做到奖惩分明，以校正工作人员的行为，激发工作人员的工作潜能，为工作人员的职业发展奠定基础。

(4)严明的责任追究机制。再科学的管理制度和严格的管理办法，如果没有赏罚严明作保证，也只能是一纸空文。因此，社会化服务组织要实现管理的有效性，就必须加强监督与问责，对违反社会化服务组织制度和有关规定，或工作失职，或损坏本组织利益和形象等相关责任人，不论职务和岗位，均应依法依规追查责任，视情节给予解聘、辞退、政纪处分，并承担相应的经济损失，严重者直至追究法律责任，挽回不良影响。通过严格的问责，来规范社会化服务组织内全体成员的行为，敦促他们认真履责，致使他们不敢越轨，并养成自觉用制度和规范约束自己言行的良好习惯，使其围绕本组织的发展目标奋力工作。

二、学习任务设计与实施

【学习任务设计】

见图 10-4。

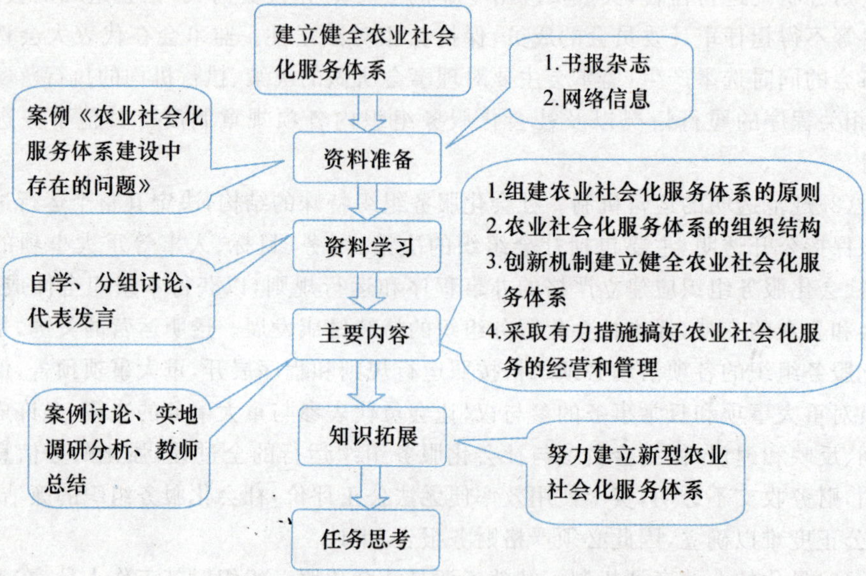

图 10-4 建立健全农业社会化服务体系学习任务完成流程

【学习任务实施】

(1)安排学员课前通过图书馆、资料室或网络查找农业社会化服务体系的组织结构、创新机制建立健全农业社会化服务体系的有关资料。

(2)教师指导学员讨论案例《农业社会化服务体系建设中存在的问题》,分组调查当地农业社会化服务存在什么问题,说说建立健全农业社会化服务体系应采取什么措施和建议?每组写出一份调查报告。

(3)教师对本任务内容进行进一步总结,指导农民如何才能搞好农业社会化服务的经营和管理。

(4)安排好每组学员的拓展学习,用课后作业与课前提问的方法完成知识巩固。

(5)教师对本任务内容进行进一步总结,指导学员如何充分利用农业社会化服务体系来发展生产。

【典型案例】

农业社会化服务体系建设中存在的问题

我国农业社会化服务体系建设目前已经取得了一定成绩，但从相关调查资料反映出的情况看，总体服务水平不高，还不能充分满足广大农民的需求，与发展现代农业中的农业社会化服务体系建设要求相差很大，还存在如下需解决的问题。

(1)服务机构分工不明，经费严重短缺。在我国现有的农业社会化服务机构中，各种农业服务组织通常对自身的部门职能及职责不够清楚，在遇到问题时经常出现踢皮球的相互推诿现象。对于营利性组织的管理都想插手分一杯羹，而对公益性较强的部门则比较冷落，关注度较低，为农民服务的意识淡薄。

在目前我国现行的分税制情况下，县及乡镇财政基础相对都很薄弱，虽然农业投入较之以前有所增加，但仍难满足当前的需要。财政安排基层公益性农技服务体系建设经费中绝大部分用于农技人员工资福利的发放，更有相当部分乡镇工资保障都比较困难，经费短缺成为农技推广等服务活动开展面临的最大困难。

(2)农业社会化中的龙头企业缺乏社会责任感及服务意识。企业在进行社会化服务时经常出现供给不足，社会责任感不够，定位水平较低等问题，不能够全面地承担起企业自身应当承担的社会责任；政府所制定的相关优惠扶持政策因种种原因落实力度不够；因为农业的季节性很强，在生产旺季时，企业进行农业社会化服务常常陷入流动资金短缺的境地。此外，现有的“公司＋农户”模式也存在着制度上的缺陷，在面对企业利益及农户利益相悖时，通常为了保护企业自身的利益而忽视农户的利益，没有良好的服务意识。

(3)金融及保险服务不能同步。现在的农业生产制度是家庭联产承包制，农户是最小也是最基本的主体单位。而农村信用社等涉农金融机构针对农户的金融产品种类极少，且现有的金融服务多存在着贷款手续复杂，农户提供的抵押担保物不被金融机构认可的问题。而这些机构本身也存在着资本金不足、金融产品单一、运行机制不活、吸收存款不足等状况，再加上农业贷款和保险因为自然因素的不可抗性而承担了相对较大的风险、经营成本高等原因，导致了涉农金融等部门为农服务的积极性不太高，无法满足众多农民及农民合作组织的贷款需求。在农业保险方面，由于现在气候环境恶化，农业保险赔付率高且处于亏损状态，为了自身的收益，很多涉农保险机构都不愿意受理农业保险业务。

(4)大量农民涌向大城市发展，留存劳动力不足。改革开放以来因为经济原因，我国的青壮年劳动力越来越多的向沿海发达城市转移。甚至造成中西部一些地区的农村几乎没有青壮年劳动力，只有留守妇女及老人孩子，出现有地无人耕的现象。这种现象的存在不仅不利于农业社会化的壮大发展，还会带来更多的社会问题等。

(5)服务意识淡薄。目前农业社会化服务组织中普遍存在为农服务意识淡薄，服务质量较差的问题。甚至有些组织“唯利是图”，片面追求利润，加重农民的负担，更有甚者，经营假农药、假种子、假化肥等，坑农骗农，严重损害了农业社会化服务组织的信誉。

（资料来源：http://www.caein.com/index.asp?xAction=xReadNews&NewsID=92280）

案例启示：组建农业社会化服务体系的根本目的是为众多、分散的一家一户农民搞好服务，现在的农业社会化服务体系还存在一定的问题，调查当地建立健全农业社会化服务体系有哪些好的措施或建议。

三、知识拓展

努力建立新型农业社会化服务体系

要在家庭承包经营基础上实现农业现代化，必须建立新型农业社会化服务体系。这个体系主要应该包括以下几个方面。

一是农业技术推广服务体系。坚持以国家农业技术推广机构为主导，以公共服务机构为依托，合作经济组织为基础，龙头企业为骨干，其他社会力量为补充，公益性服务和经营性服务相结合，专项服务和综合服务相协调，构建农业技术推广服务体系。

二是农业生产社会化服务体系。世界各国农业发展的经验表明，农业生产过程是与生物打交道，受多种因素制约和影响，必须以家庭农场或农户为基础，才能充分发挥生产者的积极性。在发展现代农业的背景下，农村劳动力结构和农业经营方式发生了很大变化。可以说，农业劳动者老龄化并不可怕，只要农业社会化服务体系健全了，农民在家里打个电话，发个短信，就有相应的服务组织提供机耕、排灌、植保、收割、运输等社会化服务，农民种地就有了保证，这是农业稳定发展的根本之策。

三是农村商品流通服务体系。在市场经济条件下，打破了农业生产资料专营的体制，需要建立和完善农业生产资料现代经营服务网络；农产品由长期短缺转变为基本自给、丰年有余，需要建立农副产品现代购销网络；面对农业生产资料市场销售假冒伪劣产品的行为，需要加强监管体系建设，形成新型农村商品流通服务体系。这也是转变农业发展方式的重要条件。

四是农村金融服务体系。金融是经济的血液，农村金融不活，转变农业发展方式必然受到制约。由于多方面原因，我国农村金融目前仍然是整个金融体系最薄弱的环节，机构网点覆盖率低，体制机制不健全、不完善，服务供给很不充分。据国务院发展研究中心 2006 年在全国范围内做了一个大型调查显示，有融入资金需求的农户大概占 60%，他们也想从正规金融机构借，但是有 40%没有借到。即使从正规金融机构贷到款的农户，1/3 的农户表示贷款不能够满足他们的需求。

五是农村信息服务体系。信息化是现代农业的重要内容。目前，新品种、新技术、供求、价格、预测等信息成为需求热点，及时、有效的定制信息成为主流。随着基层农业技术推广机构改革，基层推广人员少与工作要求高的矛盾将更加突出。解决农村信息服务的问题，不能还是靠农技人员“一张嘴、两条腿”。过去一个村只有一部电话，还不是什么人都能用，只能靠农技人员进村入户搞推广。现在不仅许多农民家里有固定电话，个人有移动电话，不少地方还连接了宽带上网。有调查结果显示，目前农民获得信息的渠道主要是广播电视、报刊，其次才是农业技术推广机构、合作经济组织。这说明现代信息技术手段对农村信息服务体系建设的重要性。

六是质量安全监管体系。随着经济、贸易全球化和农产品贸易的迅速发展，农产品质量安全已不仅仅涉及人类身体健康、生命安全，而且关系转变农业发展方式、增加农民收入、促进农业可持续发展和提高农产品在国际市场上的竞争力，关系到国家经济发展和社会稳定。社会上出现的伪劣农业生产资料问题和三鹿奶粉“三聚氰胺事件”，就是反面教材，暴露出我国质量安全监管体系中的许多问题。面对农业生产资料和农产品质量问题，我们不得不对安全监管制度、监管机制和监管模式加以思考，并采取有效措施保护农民的利益，为广大消费者提供安全、营养、绿色、健康的食品。

（资料来源：http://news.sohu.com/20100415/n271526157.shtml）

四、任务思考

(1)组建农业社会化服务体系原则有哪些？

(2)如何创新机制建立健全农业社会化服务体系？

(3)农业社会化服务体系的组织结构是什么？

附录

农村土地承包合同样本(家庭承包)

发包方:村民委员会(以下简称甲方)

承包方:(家庭承包者以下简称乙方)

为了农业科学技术的推广,改变传统陈旧的农业耕作形式,培育和合理使用林木资源,加快荒山绿化,发挥森林蓄水保土、调节气候、改善环境作用,促进经济发展,根据《中华人民共和国土地管理法》、《中华人民共和国合同法》及相关法律、法规和政策规定,经公开协商讨论同意,甲乙双方本着平等、自愿、有偿的原则,签订本合同,共同信守。

一、土地的面积、位置　甲方经村民会议同意并报镇人民政府批准,将位于泉太镇新农村一组面积______亩(具体面积、位置以合同附图为准)________(土地类型)承包给乙方使用。土地方位如下:

东起:________________,________________;

西至:________________,________________;

北至:________________,________________;

南至:________________,________________。

附图已经甲乙双方签字确认。

二、土地用途及承包形式

1.土地用途为经果林种植和养殖及相关农业科技开发、推广、培训、服务。

2.承包形式:个人承包经营。

三、土地的承包经营期限

该地承包经营期限为____年,自____年____月____日至____年____月____日止。

四、承包金及交付方式

1.该土地的承包金为每亩每年人民币______元,承包金每年共计人民币____元。

2.乙方向甲方一次性全额交纳承包经营期限承包金合计人民币______元(大写人民币________________________元),上述承包费已含原荒山杂树补偿款。

五、地上物的处置

乙方有权处理承包区域内现存地上物及其他植被,在承包经营期内乙方所建设、种植之地上物所有权亦为乙方所有。

六、甲乙双方的权利和义务

(一)甲方的权利和义务

1. 对土地开发利用进行监督,保证土地按照合同约定的用途合理利用,并使乙方取得土地承包经营权。

2. 按照合同约定收取承包金,在合同有效期内,甲方不得提高承包金。

3. 保障乙方自主经营,不侵犯乙方的合法权益,承包期间,如乙方需砍伐树木,甲方应当配合乙方向有关主管部门申请办理采伐许可证。

4. 协助乙方进行农业高新技术的开发、宣传、褒奖、应用。

5. 按照合同约定,保证电路畅通,并无偿提供通往承包地的道路。

6. 按本村村民用电价格收取乙方电费。

7. 为乙方提供所在地村民的其他同等待遇。

8. 在合同履行期内,甲方不得重复发包该地块,在承包期限内,如因承包范围出现土地纠纷,由甲方负责解决,若致使乙方遭受经济损失,由甲方按国家相关规定进行赔偿。甲方必须确保乙方在承包期内不受任何干扰。

(二)乙方的权利和义务

1. 按照合同约定的用途和期限,有权依法利用和经营所承包的土地。

2. 享有承包土地上的收益权和按照合同约定兴建、购置财产的所有权。

3. 乙方在承包地范围内可以种植速生树种和其他林木、果树,并可以养殖家禽、家畜及鱼类等动物,但不得污染饮食水源和村民的住宿环境。

4. 乙方对承包地有独立自主经营权、林木所有权、林木处分权和收益权,任何单位和个人不得干涉。承包经营,独立核算,自负盈亏,所发生的一切债权债务由乙方独自享有和承担,与甲方无关。

5. 乙方可在承包的土地上建设与约定用途有关的生产、生活设施。

6. 在承包期内,乙方须按合同规定缴交承包款给甲方,并有权拒绝交纳除合同规定承包款外的任何其他非国家规定之费用。

7. 保护自然资源,搞好水土保持,合理利用土地。

七、合同的转包

在本合同有效期内,乙方在不违反国家法律、行政法规强制性规定的前提下,可以自主采取转包、转让、出租等方式实现土地承包经营权流转。土地承包经营权流转取得的收入全部归乙方所有,甲方不得对此主张任何权利。本合同转包后,甲方与乙方之间仍应按原承包合同的约定行使权利和承担义务；乙方与第三方按转包合同的约定行使权利和承担义务。本合同转包后，因甲方的原因致使转包合同不能履行，给转包后的承包方造成损失的，甲方应承担相应的责任。

八、合同的变更和解除

1. 本合同一经签订，即具有法律约束力，任何单位和个人不得随意变更或者解除。经甲乙双方协商一致签订书面协议方可变更或解除本合同。

2. 在合同履行期间，任何一方法定代表人或人员的变更，都不得因此而变更或解除本合同。

3. 本合同履行中，如因不可抗力致使本合同难以履行时，双方均不能追究对方的责任，但乙方必须及时将情况报告甲方，甲方应及早采取措施尽量减少损失，协助恢复生产，并根据乙方的损失情况协商减免承包款。

4. 本合同履行期间，如遇国家建设（或其他原因）征用该土地，征用相关赔偿费用为乙方所有，同时对于乙方所承包征用地上建物、树木及其他地上物等以实际评估价值合理作价，作价款一次性付给乙方。因乙方为提高土地生产能力而投入相应资本及人力，乙方有权获得相应的补偿，补偿金额为人民币壹拾万元整。

5. 如甲方重复发包该地块或擅自断电、断水、断路，致使乙方无法经营时，乙方有权解除本合同，其违约责任由甲方承担。

6. 本合同期满，如继续承包，乙方享有优先权，双方应于本合同期满前半年签订未来承包合同。如乙方不再继续承包，乙方必须将承包地的林木等砍伐处理完毕。在合同期满后 90 天内将原承包地交还给甲方。如合同期满时，承包地内的林木若因未达到经济采伐期，或因采伐指标等限制未能采伐，乙方可向甲方申请有限度延长承包期至林木采伐完毕，甲方应该适当给予延长承包期，延长期的承包费由双方另行商定，但不得超过本和约承包费用的 2 倍。

7. 本合同履行期间，即使下列情形发生改变，甲乙双方仍应按本合同约定内容履行各自义务：

（1）甲方的负责人、经办人变更；

（2）甲方的名称改变、甲方分离或甲方与他方合并。

8. 承包期内，承包户主如去世，其家庭成员及继承人可以在承包期内继续承包。

九、违约责任

1. 在合同履行期间，任何一方违反本合同之以上约定，即视为违约。如甲方违约导致解除此合同，须付给乙方违约金人民币十万元、并退还乙方所付的全额承包费；如乙方违约，甲方不予退还乙方的承包费，并且解除此合同。

2.乙方应当按照本合同约定的期限足额支付租金。如超期缴交承包款,则按应付未付部分的日万分之四交付逾期付款违约金给甲方,直至付清应交的承包款为止。如超过6个月尚未付清应交的承包款,则视为乙方违约;如因甲方发包地手续不合法或因甲方发包地权属不清产生纠纷,致使合同全部或部分不能履行,则视为甲方违约。

3.因乙方为提高土地生产能力而投入相应资本及人力,无论甲方在合同到期前以任何理由收回该承包土地,乙方有权获得相应的补偿,补偿金额为人民币____万元,同时对于乙方所承包地上的建筑物、树木及其他地上物等以实际评估价值合理作价,作价款一次性付给乙方。

十、合同纠纷的解决办法

本合同履行中如发生纠纷,由争议双方协商解决;协商不成,双方同意向辽源市仲裁委员会申请仲裁或依法向人民法院起诉。

十一、本合同经甲乙双方签章后生效。

十二、本合同未尽事宜,可由双方约定后作为补充协议,补充协议(经公证后)与本合同具有同等法律效力。

十三、本合同一式两份,甲乙双方各1份。附土地平面图

发包方(甲方):(盖章)　　承包方(乙方):(签字)

签约日期: 年 月 日　　签约地点:

参考文献

[1] 马俊哲. 农村经济管理实务. 北京：中国农业大学出版社，2013.

[2] 李明贤. 农村经济管理理论与实务. 北京：中国铁道出版社，2012.

[3] 李明贤. 农村经济管理案例集. 北京：中国铁道出版社，2012.

[4] 祝见龙. 农村经济管理. 石家庄：河北科学技术出版社，方圆电子音像出版社，2011.

[5] 罗青平. 当代农村经济管理实务教程. 北京：中国农业科学技术出版社，2012.

[6] 刘桂芝. 中国农村经济经营管理业务指导全书. 呼和浩特：远方出版社，2004.

[7] 高孝堂. 农村经济发展论要. 长春：吉林人民出版社，2004.

[8] 陈娆. 农业经济管理. 北京：高等教育出版社，2005.

[9] 刁宗广. 中国乡村休闲旅游的兴起、发展和建设刍议. 中国农村经济，2006(11).

[10] 孟令伟. 我国农业产业化经营的产生发展和趋势. 农博网. [2005-12-05]. http://news.aweb.com.cn/2005/12/5/16272861.htm

[11] 孙百鸣. 农业经济管理. 北京：中国农业出版社，2001.

[12] 晁乐刚. 农业经济管理. 北京：高等教育出版社，2001.

[13] 葛文光，李名威，董谦. 农民专业合作社经营管理. 石家庄：河北科学技术出版社，2010.

[14] 臧日宏. 农村经济管理. 北京：中央广播电视大学出版社，2005.

[15] 庞晓鹏，李霜，范润梅. 乡村经济管理. 北京：中国农业出版社，2004.

[16] 张金华. 我国农村经济改革政策回顾与发展展望. 宏观经济，2014(1).